Linguística. Poética. Cinema.

Coleção Debates
Dirigida por J. Guinsburg

Equipe de Realização – Organização: Haroldo de Campos e Boris Schnaiderman; Tradução: Francisco Achcar, Haroldo de Campos, Cláudia Guimarães de Lemos, J. Guinsburg e George Bernard Sperber; Revisão: Francisco Achcar, Haroldo de Campos, J. Guinsburg, Boris Schnaiderman e Geraldo Gerson de Souza; Produção: Ricardo W. Neves e Sergio Kon.

roman jakobson
LINGUÍSTICA. POÉTICA. CINEMA.
ROMAN JAKOBSON NO BRASIL

PERSPECTIVA

Copyright by Roman Jakobson

Dados Internacionais de Catalogação na Publicação (CIP)
(Câmara Brasileira do Livro, SP, Brasil)

Jakobson, Roman, 1896-1982.
   Lingüística, poética, cinema / Roman Jakobson. — São Paulo : Perspectiva, 2015. — (Debates ; 22 / dirigida por J. Guinsburg)

   3ª reimpressão da 2ª edição de 2004
   Vários organizadores.
   Vários tradutores.
   Bibliografia.
   ISBN 978-85-273-0364-4

   1. Cinema - História 2. Jakobson, Roman, 1896-1982 - Crítica e interpretação 3. Lingüística 4. Poética - História e crítica I. Guinsburg, J. II. Título. III. Série.

04-3147   CDD-410.92

Índices para catálogo sistemático:
1. Lingüística : Teorias de Jakobson   410.92

2a edição – 3a reimpressão
[PPD]

Direitos reservados em língua portuguesa à

EDITORA PERSPECTIVA LTDA

Av. Brigadeiro Luís Antônio, 3025
01401-000 São Paulo SP Brasil
Telefax: (11) 3885-8388
www.editoraperspectiva.com.br

2019

SUMÁRIO

NOTA DO EDITOR 5

NOTA DOS ORGANIZADORES 7

TEXTOS DE ROMAN JAKOBSON

A Lingüística em Suas Relações com Outras Ciências 11

Poesia da Gramática e Gramática da Poesia 65

Configuração Verbal Subliminar em Poesia 81

Os Oxímoros Dialéticos de Fernando Pessoa 93

Carta a Haroldo de Campos sobre a Textura Poética de
    Martin Codax 119

A Construção Gramatical do Poema "Wir sind sie" ["Nós somos ele"] de B. Brecht 127

Decadência do Cinema? 153

SOBRE ROMAN JAKOBSON

Roman Jakobson e a Lingüística – *J. Mattoso Câmara Jr.* 165

Uma Visão Dialética e Radical da Literatura – *Boris Schnaiderman* 175

O Poeta da Lingüística – *Haroldo de Campos* 183

Notas à Margem de uma Análise de Pessoa – *Haroldo de Campos* 195

NOTA BIBLIOGRÁFICA 205

NOTA DO EDITOR

A publicação do presente volume tem especial sentido para a Editora Perspectiva. Não só porque nele, Roman Jakobson, um dos principais nomes da lingüística moderna e figura-chave do estruturalismo contemporâneo, estuda questões fundamentais da lingüística, poética e cinema, mas também porque nele se incorpora uma contribuição editorial original. Com efeito, esta coletânea, como tal, não existe em nenhum idioma além do português, constituída que é de trabalhos publicados em várias línguas e em diversas fontes, quase sempre de difícil acesso. Trata-se de um livro que honra a bibliografia brasileira e a coleção "Debates".

Roman Jakobson visitando as obras do Aleijadinho, em Congonhas do Campo, Minas Gerais.

Foto MARIA LUÍZA RAMOS

O presente volume reúne os textos que serviram de base às conferências pronunciadas por Roman Jakobson durante sua visita ao Brasil, em setembro de 1968. Figuram nele, também, textos que foram objeto de debates e referências quando da estada de Jakobson entre nós: assim, a análise do poema de Brecht e o estudo relativo ao cinema. A inclusão da "Carta" sobre Martin Codax justifica-se pela própria natureza do trabalho, o segundo dedicado por Jakobson a um autor de língua portuguesa, sob a instigação, sem dúvida, — como o anterior, cujo tema é Fernando Pessoa, — dessa viagem ao nosso país.

A segunda parte do volume consiste em trabalhos sobre a contribuição de Roman Jakobson à lingüística, à ciência da literatura e a ànalise poética. Abre-se com um estudo especialmente preparado para este livro por J. Mattoso Câmara Jr., o eminente lingüista brasileiro, falecido este ano, que tanto fez pela difusão das idéias jakobsonianas entre nós. Os organizadores, nesta oportunidade, prestam homenagem à sua memória.

Uma explicação deve ser dada quanto ao critério das transliterações de palavras e nomes próprios russos que ocorrem neste livro. Elas foram feitas de acordo com um sistema que se propõe adaptar os sons do idioma russo à ortografia brasileira.

Os organizadores agradecem a colaboração prestimosa que tiveram dos tradutores, que se incumbiram da versão brasileira dos trabalhos de Jakobson: J. Guinsburg, Cláudia Lemos, George Bernard Sperber e Francisco Achcar. A colaboração deste último foi particularmente relevante, pois se estendeu à revisão geral, unificação e anotação do volume. No que respeita aos textos sobre Pessoa e Martin Codax, é mister agradecer as sugestões de revisão de Isaac Nicolau Salum.

São Paulo, março de 1970

BORIS SCHNAIDERMAN E
HAROLDO DE CAMPOS

TEXTOS DE ROMAN JAKOBSON

Roman Jakobson   Foto ALAIR GOMES - Rio

A LINGÜÍSTICA EM SUAS RELAÇÕES COM OUTRAS CIÊNCIAS

A Claude Lévi-Strauss

> ...*Je pense que, devant l'accroissement, toujours plus large et plus rapide du champ de la Science, la confrontation des disciplines devient plus que jamais nécessaire.*
>
> ("Penso que, diante do crescimento sempre maior e mais rápido do campo da Ciência, o confronto de disciplinas torna-se mais do que nunca necessário.")
>
> JACQUES MONOD

I. *O Lugar da Lingüística entre as Ciências do HOMEM*

A autonomia da Lingüística foi o lema lançado e propagado por Antoine Meillet no Primeiro Congresso de Lingüistas (Haia, 1928), e o relatório final de seu secretário, o insigne lingüista holandês J. Schrijnen, no tocante à posição de Meillet, encarava todo esse histórico conclave como um solene "ato de emancipação": *Foi um primeiro ensaio, uma tentativa... A lingüística, à luz do dia e ante o foro do mundo inteiro, pleiteou suas próprias causas...* * (*1*, p. 97). Era um programa pertinente e oportuno que, no decurso das décadas subseqüentes, aprofundou e realçou os métodos e tarefas de nossa ciência. Hoje em dia, porém, defrontamo-nos com a urgente necessidade de um trabalho interdisciplinar de equipe a ser desenvolvido diligentemente por cientistas de diferentes ramos. Em particular, o relacionamento entre a lingüística e as ciências adjacentes está à espera de um exame intensivo.

A necessidade de combinar a consolidação interna da lingüística com um alargamento substancial de seu horizonte foi com lucidez enunciada por Edward Sapir, pouco depois do Congresso de Haia, e muito provavelmente como resposta imediata à plataforma deste certame. Argumentava Sapir que os lingüistas, gostassem ou não, "deviam preocupar-se cada vez mais com os numerosos problemas antropológicos, sociológicos e psicológicos que invadem o campo da linguagem. Para um lingüista moderno, é difícil restringir-se a seu objeto tradicional. A não ser que seja um tanto fantasioso, não pode deixar de partilhar, no todo ou em parte, dos mútuos interesses que unem a lingüística à antropologia e à história da cultura, à sociologia, à psicologia, à filosofia e, mais remotamente, à física e à fisiologia" (*134 = 133*, p. 166).

Acrescentemos que, a menos que estas duas noções complementares — autonomia e integração — estejam intimamente ligadas uma à outra, nosso esforço acaba desviado para um fim errôneo: ou a salutar idéia da autonomia degenera em preconceito isolacionista, nocivo como qualquer bairrismo, separatismo e *apartheid*, ou enveredamos pela trilha oposta e compromete-

(*) *N. do T.*: Traduzimos para o português todas as citações.

mos o sadio princípio da integração, substituindo a indispensável autonomia por uma intrometida heteronomia (aliás "colonialismo"). Em outras palavras, cumpre dispensar igual atenção às particularidades e peculiaridades na estrutura e desenvolvimento de qualquer província dada do conhecimento e, além disso, a seus fundamentos e linhas de desenvolvimento comuns, bem como à sua dependência mútua.

A reunião interdisciplinar das ciências do homem que aspiram à lei (nomotéticas) — rotuladas de "ciências sociais" ou "humanidades" — foi recentemente salientada pelo Painel de Consultores Especiais ligado ao Departamento de Ciências Sociais da Unesco, e as modalidades de tal cooperação viram-se submetidas a estimulante discussão. O interesse espontâneo e multilateral que o Décimo Congresso Internacional de Lingüistas (Bucareste, 1967) manifestou pelos laços existentes entre a ciência da linguagem e as várias disciplinas adjacentes é na verdade significativo. Assaz importante é que o problema das inter-relações entre as ciências do homem parece centrar-se na lingüística. O fato se deve primordialmente à configuração inusitadamente regular e auto-suficiente da linguagem e ao papel basilar que desempenha no quadro da cultura; e, de outro lado, a lingüística é reconhecida quer por antropólogos quer por psicólogos como a mais progressista e precisa dentre as ciências humanas e, portanto, como um modelo metodológico para as restantes disciplinas da mesma área (cf. *87*, pp. 37, 66; *61*, p. 9). Como declara Piaget: "A lingüística é sem dúvida a mais avançada das ciências sociais, por sua estruturação teórica, tanto quanto pela precisão de sua tarefa, e mantém com outras disciplinas relações de grande interesse" (*118*, p. 25). Já no limiar de nosso século, Peirce consignou à "ciência da lingüística, vasta e esplendidamente desenvolvida", uma posição privilegiada entre os "estudos dos desempenhos e produtos mentais" (*117*, I, § 271). Em contraposição a todas as outras ciências do homem e a algumas ciências naturais de origem relativamente recente, moderna, o estudo da linguagem pertence ao pequeno número dos mais antigos ramos do conhecimento. Quase quatro milênios nos separam do mais arcaico dos escritos gramaticais subsistentes, um epítome do sumério; tanto a teoria quanto a prática lingüística desdobraram variada e contínua tradição, desde a antiga Índia e Grécia, através das importantes conquistas da Idade Média, do Renascimento, da era do racionalismo e da Ilustração e, por fim, das múltiplas tendências dos estudos nos últimos dois séculos.

É precisamente a rica experiência científica da lingüística que nos impele a levantar as questões do lugar que ela ocupa entre as ciências do homem e da perspectiva de uma cooperação interdisciplinar em base estritamente recíproca de intercâmbio sem violação das necessidades e propriedades intrínsecas de qualquer área envolvida. Surgiram algumas dúvidas quanto à possibilidade de ser realmente igualada pelas ciências do homem a "admirável colaboração interdisciplinar" que une as ciências naturais, dado o fato de uma firme filiação lógica e uma ordem hierárquica de conceitos subjacentes, com respeito à relativa generalidade e complexidade, encontrarem-se manifestamente presentes na interconexão das ciências naturais, mas parecerem ausentes nas ciências do homem (*118*, p. 2). Aparentemente, esta incerteza remonta àquelas primeiras tentativas de classificação que não levaram em conta a ciência da linguagem. Se, entretanto, exatamente a lingüística é escolhida e usada como ponto de partida para uma ordenação tentativa das ciências do homem, tal sistema, baseado "nas principais afinidades dos objetos classificados", mostra-se dotado de sólidos alicerces teoréticos.

A lógica interna inerente às ciências do homem, em troca, exige que recebam um arranjo serial basicamente similar à concatenação das ciências naturais. A linguagem é um dos sistemas de signos, e a lingüística, enquanto ciência dos signos verbais, é apenas parte da SEMIÓTICA, a ciência geral dos signos, prevista, denominada e delineada no *Essay* de John Locke: "Σημειωτική ou a 'doutrina dos signos', dos quais os mais comuns são as palavras" (*92*, Livro IV, cap. XXI, § 4). Charles Sanders Peirce, convencido de que muitas passagens do *Essay Concerning Humane Understanding* "dão os primeiros passos em análise profunda", tomou o termo de Locke, "semiótica", definindo-o de novo como a "doutrina dos signos" (*117*, II, §§ 649, 227). Este pioneiro e "mateiro" na faina de desbravar e abrir "a nova disciplina" lançou sua primeira tentativa no sentido de uma classificação dos signos e devotou uma "vida de estudo" à "doutrina da natureza essencial e das variedades fundamentais da possível semiose" (V, § 488). Como esses esboços de semiótica vieram à luz tão-somente na edição póstuma do legado de Peirce, dificilmente poderiam ser do conhecimento de Ferdinand de Saussure quando, a exemplo de seu precursor americano, o lingüista suíço concebeu, por seu turno, a necessidade de uma ciência geral dos signos, que denominou tentativamente "semiologia", considerando-a indispensável à interpretação da linguagem e de todos os outros sistemas de signos em sua inter-relação com esta: "Uma vez que não existe ainda, não se pode dizer o que ela será; mas ela tem direito à existência, seu lugar está determinado de antemão... Por aí, não só se esclarecerá o problema lingüístico, mas pensamos que, tomando os ritos, os costumes etc., como signos, tais fatos aparecerão sob outra luz, e surgirá a necessidade de agrupá-los na semiologia e explicá-los pelas leis desta ciência" (*135*, p. 33).

A primeira versão, altamente interessante, das concepções de Saussure sobre a ciência prospectiva dos signos foi registrada por seu colega de Genebra, A. Naville: "Ferdinand de Saussure insiste sobre a importância de uma ciência muito geral, que denomina *semiologia* e cujo objeto seriam as leis da criação e da transformação dos signos e de seu sentido. A semiologia é uma parte essencial da sociologia [dado que a vida social, como Naville comenta, não é concebível sem a existência de signos comunicativos]. Como a linguagem convencional dos homens é o mais importante dos sistemas de signos, a ciência semiológica mais avançada é a lingüística ou ciência das leis da vida da linguagem... A lingüística é, ou pelo menos tende a tornar-se cada vez mais, uma ciência das leis" (*108*).

Testemunhamos um espontâneo e rápido desenvolvimento internacional da nova disciplina que abrange uma teoria geral dos signos, uma descrição dos diferentes sistemas de signos, sua análise comparativa e classificação. Indubitavelmente, Locke e Saussure tinham razão: a linguagem é o sistema central e o mais importante dentre todos os sistemas semióticos humanos. Nestas condições, "a lingüística é o principal contribuinte da semiótica", como observou Leonard Bloomfield (*9*, p. 55). No entanto, de outro lado, qualquer confronto da linguagem com a estrutura de diferentes padrões de signos é de relevância vital para a lingüística, pois mostra que propriedades os signos verbais compartilham com alguns ou todos os demais sistemas semióticos e quais são os traços específicos da linguagem.

A relação entre a linguagem usual e os demais tipos de signos pode ser tomada como um ponto de partida para o respectivo agrupamento. Uma variedade de sistemas semióticos consiste de diversos substitutos da linguagem falada. É o caso da escrita, que é — tanto ontogenética quanto filogeneticamente — uma aquisição secundária e opcional quando comparada ao discurso oral, universalmente humano, embora às vezes os aspectos gráfico e fônico da linguagem sejam tidos pelos cientistas como duas "substâncias" equivalentes (*55*). Entretanto, na relação entre entidades gráficas e fonológicas, as primeiras funcionam sempre como *signans* e as segundas como *signatum*. A transladação da fala em assobios ou em rufos de tambor oferece outro exemplo de um sistema substitutivo, enquanto o código Morse apresenta uma substituição de segunda ordem: seus pontos e barras constituem um *signans* cujo *signatum* é o alfabeto comum (cf. *132*, p. 20; *133*, p. 7).

Linguagens mais ou menos formalizadas empregadas como construtos artificiais para vários propósitos científicos ou técnicos podem receber a denominação de transformadas da linguagem natural. O estudo comparativo das linguagens formalizadas e naturais é de grande interesse para trazer à tona seus caracteres convergentes e divergentes, requerendo estreita cooperação dos lingüistas com os lógicos enquanto peritos em linguagens formalizadas. De acordo com o lembrete de Bloomfield, que ainda é oportuno, a LÓGICA "é um ramo da ciência intimamente relacionado à lingüística" (*9*, p. 55). Semelhante assistência mútua ajuda os lingüistas a determinarem a especificidade das linguagens naturais de um modo crescentemente preciso e explícito. De outra parte, a análise que o lógico faz das superestruturas formalizadas requer uma colação sistemática com seu fundamento natural, sujeito a uma interpretação estritamente lingüística. Sério impedimento a tal estudo comparativo conjunto é a concepção, ainda persistente, da linguagem natural como um sistema simbólico de segunda categoria, acusado de predisposição constitucional para a imprecisão, vagueza, ambigüidade e opacidade. Como afirmou sucintamente Chomsky, a grande aproximação das linguagens "artificiais", formalizadas, a uma liberdade de contexto e, de modo inverso, a sensitividade contextual das linguagens naturais diferenciam substancialmente as duas classes semióticas (*26*, p. 9; *24*, p. 441). A variabilidade dos sentidos, seus multíplices deslocamentos figurativos de longo alcance, e a incalculável aptidão para múltiplas paráfrases são justamente as propriedades da linguagem natural que induzem sua criatividade e dotam não apenas as atividades poéticas, mas até as científicas, de contínuo ímpeto inventivo. Aqui, indefinição e poder criativo afiguram-se como inteiramente interconectados. Um dos principais pioneiros na discussão matemática do problema da finitude, Emil Post, apontou o papel decisivo que "a linguagem do gênero comum" desempenha no "nascimento de novas idéias", na sua emergência "sobre o mar do inconsciente", e na subseqüente mutação de processos intuitivos, mais vagos, "em conexões entre idéias precisas" (*120*, p. 430). O conceito freudiano do "id" foi por certo sugerido pelo *es-Sätze*; o conspícuo derivado alemão *Gestalt* ajudou a plasmar uma nova tendência em psicologia. Como Hutten observa, o metafórico "discurso técnico não pode dispensar a linguagem metafórica" e termos figurativos, tais como "campo" e "onda", deixaram impressão sensível no pensamento físico (*58*, p. 84). Justamente a linguagem natural oferece poderoso e indispensável suporte para a "habilidade de inventar problemas, a capacidade para o pensamento imaginativo ou criativo", um dom encarado pelo explorador da evolução humana como "a mais significativa característica da inteligência" (*54*, p. 359).

A diferença funcional entre as linguagens formalizada e natural tem de ser respeitada pelos especialistas tanto em uma como em outra variedade (v. *116*). O conto de Andersen sobre o patinho feio não precisa ser reencenado, e o desdém do lógico pela sinonímia e pela homonímia da linguagem natural é tão deslocada quanto a perplexidade do lingüista acerca das proposições tautológicas da lógica. Através da longa história da lingüística, critérios peculiares a construtos técnicos foram impostos arbitrariamente às linguagens naturais não apenas pelos lógicos, mas às vezes pelos próprios lingüistas. Por exemplo, insurgimo-nos contra as tentativas heterônomas e forçadas de reduzir a linguagem natural a proposições declarativas e considerar as formas requisitivas (interrogativa e imperativa) como alterações ou paráfrases de asserções.

Sejam quais forem os problemas verbais tratados, os conceitos fundamentais usados pelos lógicos baseiam-se nas linguagens formalizadas, ao passo que a lingüística pura só pode derivar da análise consistentemente intrínseca das linguagens naturais. Em conseqüência, é inteiramente distinta a plena abordagem de problemas tais como significado e referência, intensão e extensão ou as proposições existenciais e o universo do discurso; mas é possível interpretar estas diferentes concepções como dois modos de descrição verdadeiros, porém parciais, que se defrontam em uma relação seguramente definida como "complementaridade" por Niels Bohr.

A linguagem formalizada do mais alto refinamento é alcançada na MATEMÁTICA (cf. *11*, p. 68) e, ao mesmo tempo, seu profundo engastamento na linguagem comum é repetidamente enfatizado pelos matemáticos. Assim, para E. Borel, o cálculo repousa necessariamente sobre o postulado da existência da *língua vulgar* ou, na formulação de Waismann, "tem de ser suplementado pela revelação da dependência existente entre os símbolos matemáticos e os significados das palavras na linguagem coloquial" (*159*, p. 118). Para a ciência da linguagem, Bloomfield tirou desta relação a necessária conclusão, quando afirmou que, "como a matemática é uma atividade verbal", esta disciplina naturalmente pressupõe a lingüística (*9*, p. 55).

Na relação entre estruturas contexto-isentas e contexto-sensitivas*, a matemática e a linguagem costumeira constituem os dois sistemas polares, e cada qual resulta ser a metalinguagem mais apropriada para a análise do outro. A assim chamada lingüística matemática deve satisfazer critérios tanto lingüísticos quanto científico-matemáticos, requerendo, portanto, um controle mútuo sisemático de parte do especialista em ambas as disciplinas. Os diversos aspectos da matemática — teoria dos conjuntos, álgebra de Boole, topologia, estatística, cál-

(*) *N. do T.*: Traduzimos *context-free* e *context-sensitive structures* por, respectivamente, *estruturas contexto-isentas* e *contexto-sensitivas*. Preferimos essas formas condensadas, embora seu modelo de composição seja estranho ao português e haja quem as traduza por *independentes de contexto* e *sensíveis a contexto*.

culo de probabilidades e teoria dos jogos — encontram fecunda aplicação na pesquisa reinterpretativa da estrutura das linguagens humanas em suas variáveis, bem como em suas invariantes universais. Todas essas facetas matemáticas oferecem apropriada e multiforme metalinguagem em que é possível traduzir eficientemente os dados lingüísticos. O novo livro de Zelig Harris, que apresenta uma transcrição da gramática em termos da teoria dos conjuntos, com subseqüente comparação da linguagem natural com construtos formalizados, pode ser invocado como exemplo eloqüente (*51*).

Outra área da semiótica abrange uma larga série de sistemas *idiomórficos* que apenas indiretamente se relacionam à linguagem. O gesto que acompanha a fala é definido por Sapir como uma classe de signos "excessivamente suplementar" (*133*, p. 7). A despeito da costumeira concomitância da gesticulação com as expressões verbais, não há equivalência termo a termo entre os dois sistemas de comunicação. Existem, além do mais, padrões semióticos de movimentos corpóreos desconectados da fala. Tais padrões, como em geral todos os sistemas de signos independentes, em sua estrutura, da linguagem e também exeqüíveis fora de contato com meios verbais, devem ser submetidos à análise comparativa com vista especial às suas convergências e divergências com qualquer estrutura semiótica dada e a linguagem.

A classificação de sistemas de signos deve recorrer a vários critérios, como, por exemplo: relação entre *signans* e *signatum* (de acordo com a divisão triádica de Peirce, dos signos em índices, ícones e símbolos, com as variedades transicionais); discriminação entre produção de signo e mera apresentação semiótica de objetos já-feitos [*ready-made*] (cf. *113; 129*); diferença entre produção de signos meramente corporal e a instrumental; distinção entre estruturas semióticas puras e aplicadas; semiose visual ou auditiva, espacial ou temporal; relação entre remetente e destinatário, especificadamente na comunicação intrapessoal, interpessoal ou pluripessoal. Cada uma dessas divisões deve obviamente levar em conta diversas formas intermediarias e híbridas[1].

(1) Um estudo especial do autor será devotado à classificação dos sistemas de signos, com particular referência à versátil indagação sobre problemas semióticos, por fim iniciada em vários centros científicos, como Cambridge (Mass.), Moscou, Paris, Roma, Tartu e Varsóvia.

O exame da presença e hierarquia daquelas funções básicas que observamos na linguagem — fixação sobre o referente, o código, o remetente, o destinatário, sobre o contato deles ou, enfim, sobre a própria mensagem (v. 68) — deve aplicar-se também a outros sistemas semióticos. Em particular, a análise comparativa de estruturas determinadas pela fixação predominante sobre a mensagem (função artística) ou, em outras palavras, a investigação paralela das artes verbal, musical, figurativa, coreográfica, teatral e fílmica pertence aos mais imperativos e frutuosos deveres da ciência semiótica. Naturalmente, a análise da arte verbal encontra-se no âmbito imediato dos interesses e tarefas vitais do lingüista e impõe-lhe máxima atenção às complexidades da poesia e da POÉTICA. Esta última é descritível como a pesquisa da função poética da linguagem e da arte verbal com respeito à função poética da linguagem, bem como à função artística dos sistemas semióticos em geral. Quanto ao estudo comparativo da poesia e outras ARTES, trabalhos de equipe entre lingüistas e especialistas nestes campos acham-se na ordem do dia, especialmente à vista da fala que interfere em tais formações híbridas, como a música vocal, os espetáculos dramáticos e o filme sonoro.

Apesar da indubitável autonomia estrutural dos sistemas de signos que definimos como idiomórficos, também a eles, como às outras variedades de padrões semióticos, se aplicam as significativas conclusões estabelecidas por dois eminentes lingüistas: Sapir compreendeu que "a linguagem fonética assume precedência sobre todas as demais espécies de simbolismo comunicativo" (*133*, p. 7) e, do ponto de vista de Benveniste, *a linguagem é a expressão simbólica por excelência e todos os outros sistemas de comunicação são dela derivados e a supõem* (*7*, p. 28). A antecedência dos signos verbais em face de todas as demais atividades deliberadamente semióticas é confirmada pelos estudos sobre o desenvolvimento das crianças. O "simbolismo comunicativo" dos gestos infantis, depois de dominados os rudimentos da linguagem, é perceptivelmente distinto dos movimentos reflexos da criança que ainda não fala.

Em suma, o objeto da semiótica é a comunicação de mensagens, enquanto o campo da lingüística se restringe à comunicação de mensagens verbais. Portanto, dessas duas ciências do homem, a segunda tem um escopo mais estreito e, de outra parte, qualquer comunicação humana de mensagens não-verbais pressupõe um circuito de mensagens verbais, sem implicação inversa.

Se o ciclo das disciplinas semióticas é o mais próximo a abarcar a lingüística, o círculo concêntrico subseqüente, mais amplo, é a totalidade das disciplinas de comunicação. Quando dizemos que a linguagem ou qualquer outro sistema de signos serve de meio de comunicação, devemos acautelar-nos ao mesmo tempo contra qualquer concepção restritiva dos meios e fins comunicativos. Em particular, negligenciou-se amiúde o fato de que, ao lado da face mais palpável, interpessoal, da comunicação, o seu aspecto intrapessoal é igualmente importante. Assim, por exemplo, a fala interior, penetrantemente concebida por Peirce como um "diálogo interno", é um fator cardeal na rede da linguagem e serve de conexão com o passado e o futuro da pessoa (*117*, IV, § 6 cf. *156; 171; 133*, p. 15).

A tarefa natural da lingüística era a de salientar a significação primordial do conceito de "comunicação" para as ciências sociais. Na formulação de Sapir, "cada padrão cultural e cada ato singular de comportamento social envolve comunicação em sentido explícito ou implícito". Longe de ser uma "estrutura estática", a sociedade aparece como "uma rede altamente intricada de entendimentos parciais ou completos entre os membros das unidades organizacionais de todo grau de tamanho e complexidade", e vem a ser "criativamente reafirmada por atos particulares de natureza comunicativa" (*133*, p. 104). Embora compreenda que "a linguagem é o tipo mais explícito de comportamento comunicativo", Sapir vê tanto a significação dos outros meios e sistemas de comunicação quanto suas multifárias conexões com o intercurso verbal.

Foi Lévi-Strauss quem deu o mais claro bosquejo dessa matéria e lançou a mais promissora tentativa "de interpretar a sociedade, no seu conjunto, em função de uma teoria da comunicação" (*87*, p. 95, e especialmente *88*). Seu esforço faz-se no sentido de uma CIÊNCIA DA COMUNICAÇÃO integrada, que abrangeria a ANTROPOLOGIA SOCIAL, a ECONOMIA e a lingüística ou, substituindo o último termo por uma designação mais ampla, a semiótica. Limitemo-nos a seguir a concepção triádica de Lévi-Strauss, segundo a qual em qualquer tipo de sociedade a comunicação opera em três níveis diferentes: troca de mensagens, troca de utilidades (isto é, bens e serviços) e troca de mulheres (ou talvez, numa formulação mais generalizadora, troca de companheiros). Em conseqüência, a lingüística (juntamente com outras disciplinas semióticas), a economia e, por fim, os estudos de parentesco e casamento "abordam a mesma espécie de problemas em diferentes níveis estratégicos e realmente pertencem ao mesmo campo". Não tocamos aqui na controversa questão de delimitar a antropologia social e a SOCIOLOGIA (cf 87, p. 396), e tratamos ambas como duas províncias de uma e mesma disciplina — a primeira especializada em formas de comportamento social mais ritualísticas, folcloristicamente estilizadas, e a última "versando sobre a organização e o funcionamento das sociedades mais complexas". Lévi-Strauss acentua, com razão, que a linguagem intervém em todos os três níveis citados.

Todos os três níveis consignam um papel fundamental à linguagem. Primeiro, geneticamente, implicam a preexistência da linguagem. Segundo, todas as formas de comunicação mencionadas vêm acompanhadas de alguns desempenhos verbais e/ou outros desempenhos semióticos. Terceiro, se não verbalizadas, todas são verbalizáveis, isto é, traduzíveis em mensagens verbais.

Se encararmos as duas esferas de investigação lingüística, a análise das unidades verbais codificadas, de um lado, e do discurso, de outro (cf. 7, p. 130; 50), a necessidade de uma investigação primordialmente lingüística da estrutura dos mitos e outros espécimes da tradição oral torna-se óbvia. Constituem não apenas unidades mais elevadas do discurso, mas uma variedade específica deste, ou seja, tais textos são codificados, sua composição é já-feita [*ready-made*]. Foi Saussure que, em suas notas sobre os *Nibelungen*, perspicazmente defendeu a interpretação semiótica dos mitos: "É verdade que indo ao fundo das coisas, percebe-se neste domínio, como no domínio aparentado da lingüística, que todas as incongruências do pensamento procedem de uma reflexão insuficiente sobre o que sejam a identidade ou os caracteres da identidade, quando se trata de um ser inexistente como a *palavra*, ou a *pessoa mítica*, ou uma *letra do alfabeto*, que não passam de formas diferentes do SIGNO no sentido filosófico" (*44*, p. 136). O aspecto verbal dos padrões religiosos faz-se oportuno e compensador campo de pesquisa (cf. *19*).

O ritual costumeiramente combina a fala e componentes pantomímicos e, como notou Leach (*83*), ocorrem nessas usanças cerimoniais certas espécies de informação que jamais são verbalizadas por seus executantes, mas apenas expressas na ação. Esta tradição semiótica é, contudo, sempre dependente, pelo menos de um padrão verbal emoldurante que passa entre as gerações.

Evidentemente, a linguagem é uma constituinte da cultura, mas no conjunto dos fenômenos culturais funciona como sua subestrutura, base e meio universal. Portanto, "é obviamente mais fácil abstrair a lingüística do restante da cultura e defini-la em separado do que o inverso" (*78*, p. 124, e especialmente *154*). Certos traços peculiares da linguagem conectam-se com a posição particular desta com respeito à cultura, sobretudo a primeira aquisição de linguagem pela criança e o fato de que nem as linguagens antigas nem as contemporâneas conhecidas pelos lingüistas denotam qualquer diferença em sua estrutura fonológica e gramatical entre estágios mais primitivos e mais progressivos.

A aguda pesquisa de Whorf (*165*) sugere enredada e criativa interação entre o rol de nossos conceitos gramaticais e nossa imagética habitual, subliminar, de natureza mitológica e poética, mas sem implicar qualquer relação compulsória entre esse padrão verbal e nossas operações puramente ideativas, e sem nos autorizar, tampouco, a derivar nosso sistema de categorias gramaticais de uma cosmovisão ancestral.

A armação lingüística do namoro, matrimônio, regras de parentesco e tabus é seu implemento indispensável. As cuidadosas e exaustivas observações de Geneviève Calame-Griaule sobre a pragmática da linguagem na vida erótica, social e religiosa de uma comunidade constitui ilustração eloqüente do papel decisivo do comportamento verbal no domínio inteiro da antropologia social (*21*).

Na história secular da economia e da lingüística surgiram repetidamente questões que unem ambas as disciplinas. Pode-se lembrar que os economistas do Período da Ilustração costumavam abordar problemas lingüísticos, como, por exemplo, Anne-Robert Jacques Turgot, que efetuou um estudo de etimologia para a *Encyclopédie,* ou Adam Smith, que escreveu sobre a origem da linguagem. A influência de G. Tarde sobre a doutrina de Saussure, em assuntos como circuito, intercâmbio, valor, entrada/saída, produtor/consumidor, é bem conhecida. Muitos tópicos comuns, como, por exemplo, "sincronia dinâmica", contradições dentro do sistema e seu movimento contínuo, sofrem desenvolvimento similar em ambos os campos. Conceitos econômicos fundamentais foram repetidamente submetidos a interpretações semióticas experimentais. Posochkov, o economista russo do início do século dezoito, cunhou a divisa "um rublo não é prata, um rublo é a palavra do soberano", e John Law ensinou que o dinheiro possui apenas a riqueza de um signo baseado na assinatura do príncipe. Presentemente, Talcott Parsons (em *115* e, particularmente, em um compreensivo estudo para a *Encyclopedia of the Social Sciences*) trata sistematicamente o dinheiro como "uma linguagem altamente especializada", as transações econômicas como "certos tipos de conversações", a circulação de dinheiro como "o envio de mensagens", e o sistema monetário como "um código no sentido sintático-gramatical". De modo confesso, aplica à troca econômica a teoria dos códigos e mensagens desenvolvida na lingüística. Ora, de acordo com a formulação de Ferrucio Rossi-Landi, "a economia em sentido próprio é o estudo daquele setor dos signos não-verbais, que consiste na circulação de um tipo particular de mensagens comumente chamadas 'mercadorias'. Mais brevemente, e com uma fórmula: *a economia é o estudo das mensagens-mercadorias*" (*128*, p. 15). Com o fito de evitar extensão metafórica do termo "linguagem" é talvez preferível entender o dinheiro como um sistema semiótico com destinação particular. Uma interpretação semiótica dos processos e conceitos implicados faz-se necessária para o exato escrutínio deste meio de comunicação. Entretanto, visto que "a matriz mais geral" dos sistemas simbólicos, como Parsons com razão indica, "é a linguagem", a lingüística, na realidade, parece oferecer o modelo mais útil para semelhante análise. Há, todavia, outras razões para ligar os estudos econômicos aos lingüísticos: a troca de utilidades "convertidas" em palavras (*115*, p. 358), o papel direto e concomitante da linguagem em todas as transações monetárias e a conversibilidade do dinheiro em mensagens puramente verbais, tais como os cheques ou outras obrigações (cf. *56*, p. 568).

Assim, a comunicação de companheiros, bens e serviços vem a ser, em alto grau, troca de mensagens auxiliares, e a ciência integrada da comunicação incorpora o propriamente semiótico, isto é, o estudo das puras mensagens e seus códigos subjacentes, mais aquelas disciplinas em que as mensagens desempenham papel relevante, embora apenas acessório. De qualquer maneira, a semiótica ocupa a posição central dentro da ciência total da comunicação e está na base de todas as outras províncias desta ciência; por sua vez, a semiótica compreende a lingüística como seção central a fundamentar todas as outras províncias semióticas. Três ciências integradas abarcam uma à outra e apresentam três graus progressivamente crescentes de generalidade: 1. o estudo da comunicação de mensagens verbais = lingüística; 2. o estudo da comunicação de mensagens (mensagens verbais implícitas); 3. o estudo da comunicação = antropologia social juntamente com economia (comunicação de mensagens implícitas).

Estudos ora em desenvolvimento, sobretudo nos Estados Unidos, sob rótulos tão imbricados como sociolingüística, etnolingüística, folk-lingüística, lingüística antropológica, representam salutar reação a algumas sobrevivências ainda freqüentes da tendência saussuriana de encurtar as tarefas e metas da pesquisa lingüística. Contudo, nenhuma dessas limitações quanto aos escopos e propósitos impostos por lingüistas individuais ou equipes lingüísticas a seu próprio programa de investigações deveria receber o rótulo de "perniciosa"; qualquer ênfase particular dada a uma seção limitada da ciência lingüística ou qualquer grau de auto-restrição e rigorosa especialização são perfeitamente legítimos. Seria, entretanto, errônea e perniciosa qualquer degradação de todas as demais facetas da linguagem a questões lingüísticas supostamente de segunda categoria, residuais e, especialmente, qualquer tentativa de expelir tais tópicos do campo da própria lingüística. A experimentação lingüística pode eliminar de modo deliberado certas propriedades inerentes à linguagem. Foi, por exemplo, o caso dos experimentos na lingüística americana com a exclusão do significado, primeiro da análise lingüística em geral e depois ao menos da análise gramatical. Foi o que se deu também com as propensões saussurianas, recentemente revividas, de confinar a análise meramente ao código (*langue*, competência) a despeito da indissolúvel unidade dialética *langue/parole* (código/mensagem, competência/desempenho).

Nenhum de tais experimentos eliminatórios, por mais úteis e instrutivos que sejam, pode ser encarado como estreitamento do escopo da ciência lingüística. As várias tarefas e questões recentemente apresentadas e discutidas sob rótulos tais como sociolingüística merecem todas estudo acurado e, cumpre acrescentar, muitos desses tópicos têm atrás de si longa história de pesquisa internacional, sendo seu esquecimento local de curta duração. Todos esses itens, porém, representam parte integral da lingüística e requerem a mesma análise estrutural que os demais constituintes intrínsecos da linguagem. A propósito, aludo deliberadamente à "análise estrutural", porquanto, quaisquer que sejam as dissensões sectárias entre os lingüistas contemporâneos e suas divergências em terminologia, técnica e interesses principais, a análise das estruturas lingüísticas é o denominador comum de todas as correntes científicas contemporâneas, algo que distingue incisivamente a pesquisa das últimas quatro ou cinco décadas dos principais caminhos e objetivos da lingüística no começo do século vinte e fim do dezenove.

O domínio da etnolingüística e da sociolingüística — não podemos deixar de concordar com o perspicaz promotor do programa das duas, Dell Hymes — deve e, por fim, será simplesmente incorporado à lingüística

(*62*, p. 152), porque esta não pode ser separada e isolada das "questões do funcionamento concreto e do papel da linguagem na vida humana" (*60*, p. 13).

Todo código verbal é conversível e compreende necessariamente um conjunto de subcódigos distintos ou, em outros termos, variedades funcionais de linguagem. Toda comunidade de fala tem a seu dispor: 1. padrões mais explícitos e mais elípticos, com uma escala ordenada de transição da máxima explicitação à extrema elipse, 2. alternação intencional de dicções mais arcaicas e da última moda, 3. diferença patente entre regras da fala cerimoniosa, formal, e as da fala informal, descuidada. Os conjuntos de regras impalpavelmente distintas e multíplices, que permitem, prescrevem ou proíbem conversas e silêncio, destinam-se a servir de prefácio natural a qualquer gramática verdadeiramente gerativa. Nosso desempenho lingüístico é, além do mais, governado pela competência em regras dialógicas e monológicas. Em particular, as variadas relações verbais entre o remetente e o destinatário edificam parte substancial de nosso código lingüístico e confinam diretamente com as categorias gramaticais de pessoa e gênero. As regras gramaticais e léxicas relacionadas às diferenças presentes ou ausentes na condição hierárquica, sexo e idade dos interlocutores não podem ser descuradas em uma descrição científica exata e cabal de determinada linguagem, e o lugar das mencionadas regras no padrão verbal total suscita desafiante questão lingüística.

A diversidade de interlocutores e sua mútua adaptabilidade constituem fator de importância decisiva na multiplicação e diferenciação de subcódigos no âmbito de uma comunidade de fala e dentro da competência verbal de seus membros individuais. O variável "raio de comunicação", segundo o feliz termo de Sapir (*133*, p. 107), envolve uma troca interdialetal e interlingual de mensagens e usualmente cria agregados e interações multidialetais e às vezes multilinguais dentro do padrão verbal dos indivíduos e até de comunidades inteiras. Uma comparação exata da competência em geral mais ampla do indivíduo como ouvinte e de sua competência mais estreita como locutor é uma tarefa lingüística pertinente, porém amiúde descuidada.

As forças centrífugas e centrípetas desenvolvidas por dialetos territoriais e sociais constituem já, desde muitas décadas, um dos temas favoritos da lingüística mundial. A recente aplicação da análise estrutural ao trabalho de campo da dialetologia social (*79; 80*) uma vez mais refuta o mito de comunidades de fala homogêneas, revela a consciência do locutor quanto às variações, distinções e mudanças no padrão verbal, proporcionando, assim, novas ilustrações à nossa concepção de metalinguagem como fator intralingüístico crucial.

A necessidade de lutar com os problemas da padronização e planejamento (cf. *52; 147*) e, com isso, de por fim aos últimos resquícios da não-interferência dos neogramáticos na vida da linguagem, pertence às tarefas lingüísticas urgentes, vitalmente vinculadas ao raio de comunicação progressivamente crescente.

Nosso rápido levantamento de tópicos especificados nos recentes programas de sócio e etnolingüística (v. sobretudo *63; 48; 12; 90; 47; 39; 40*) mostra que todas essas questões requerem análise intrínseca e estritamente lingüística e representam parte inalienável e pertinente do campo propriamente lingüístico. William Bright aponta argutamente o denominador comum desses programas: "a *diversidade* lingüística é precisamente o tema da sociolingüística" (*12*, p. 11; cf. *61*). É possível, todavia, caracterizar esta mesma diversidade como o alvo maior do pensamento lingüístico internacional, em seus esforços para superar o modelo saussuriano da *langue* como um sistema estático, uniforme, de regras obrigatórias e suplantar este construto supersimplificado e artificial através da visão dinâmica de um código diversificado, conversível, com respeito às diferentes funções da linguagem e aos fatores de tempo e espaço, ambos excluídos da concepção saussuriana do sistema lingüístico. Visto que esta concepção encontra ainda, repetidamente, adeptos, devemos reiterar que toda redução experimental da realidade lingüística pode levar a conclusões científicas valiosas, enquanto não tomamos o quadro deliberadamente estreitado do experimento pela irrestrita realidade lingüística.

Como as mensagens verbais analisadas pelos lingüistas estão ligadas à comunicação de mensagens não-verbais ou ao intercâmbio de utilidades e companheiros, a pesquisa lingüística tem de ser complementada por investigação antropológica e semiótica mais ampla. Como previa a carta de 1926, de Trubetzkoy (*151*), a ciência integrada da comunicação destina-se a mostrar, segundo a formulação de Bright, a "co-variância sistemática da estrutura lingüística e da estrutura social" (*12*).

Ou, nos termos de Benveniste: "o problema será antes o de descobrir a base comum à língua e à sociedade, os princípios que comandam as duas estruturas, definindo primeiro as unidades que em uma e em outra se prestariam a ser comparadas, e fazer daí ressaltar sua interdependência" (*7*, p. 15).

Lévi-Strauss considera o caminho de semelhante pesquisa interdisciplinar: "Somos levados, com efeito, a nos perguntar se diversos aspectos da vida social (inclusive a arte e a religião) — cujo estudo, como já sabemos, pode socorrer-se dos métodos e das noções tomadas à lingüística — não consistem em fenômenos cuja natureza se confunde com a da própria linguagem... será preciso conduzir a análise dos diferentes aspectos da vida social de modo assaz profundo para atingir um nível em que se tornará possível a passagem de um a outro; isto é, elaborar uma espécie de código universal, capaz de exprimir as propriedades comuns às estruturas específicas que surgem de cada aspecto. O emprego do referido código há de ser legítimo para cada sistema tomado isoladamente, e para todos, quando se tratar de compará-los. Colocar-nos-emos assim em posição de saber se alcançamos sua natureza mais profunda e se consistem ou não de realidades do mesmo tipo" (*87*, p. 71). Ele preconiza um "diálogo" com os lingüistas sobre as relações entre a linguagem e a sociedade (p. 90), mas é indicativo o fato de que até agora os passos iniciais em tal direção foram dados precisamente pelos lingüistas. Gostaria de mencionar as estimulantes tentativas no sentido de estabelecer uma correlação entre os problemas da linguagem e os problemas culturais, efetuadas na literatura lingüística russa, no limiar dos anos de 1920 e 1930 (por exemplo, *155; 64*). Os sociólogos reconhecem "a cruel verdade" de que a consciência da linguagem pode fazer mais pela sociologia do que a sociologia pelos estudos lingüísticos, e de que a falta de adestramento "em lingüística formal" impede os trabalhadores em ciências sociais de chegar a um interesse produtivo pela linguagem (*90*, pp. 3-6).

O raio variável de comunicação, o problema do contato entre os comunicantes — "comunicação e transporte" — habilmente salientado por Parsons como o aspecto ECOLÓGICO dos sistemas, induz certas correspondências entre linguagem e sociedade. Assim, a notável homogeneidade dialetal das línguas dos nômades oferece relação óbvia com o largo raio do perambular nômade. Nas tribos caçadoras, os caçadores permanecem por longos períodos sem comunicação com as mulheres e em estreito contato com as presas. Em conseqüência, sua linguagem sofre perceptível dimorfismo sexual, reforçado pelas multiformes mudanças de tabu que os caçadores introduzem a fim de não serem entendidos pelos animais.

A relação entre PSICOLOGIA e lingüística ou, genericamente, entre psicologia e ciências da comunicação, difere substancialmente da inter-relação dos três círculos concêntricos acima discutidos: comunicação de mensagens verbais, de quaisquer mensagens, qualquer comunicação. A psicologia da linguagem ou, sob o rótulo hoje corrente, a "psicolingüística", tem longa tradição, a despeito de algumas recentes e autorizadas assertivas, segundo as quais até há pouco os psicólogos usualmente permaneciam indiferentes à linguagem e os lingüistas à psicologia. Na história mundial da ciência, seria difícil nomear, desde meados do século dezenove, uma escola psicológica que não se empenhasse em aplicar seus princípios e processos técnicos aos fenômenos lingüísticos e que não produzisse obras representativas dedicadas à linguagem. De outro lado, todas essas sucessivas doutrinas deixaram marca significativa nas tendências lingüísticas contemporâneas. É verdade que fortes atrações pela psicologia alternaram-se, no desenvolvimento da moderna lingüística, com repulsões não menos sérias, e diversas são as razões responsáveis por tais alienações temporárias,

No primeiro terço de nosso século, ao encetar-se a tendência estrutural na ciência da linguagem, surgiu acentuada necessidade de aplicar ao tratamento dos problemas verbais critérios intrínsecos, estrita e unicamente lingüísticos. Saussure, apesar de seu ardente interesse pela conexão entre as duas disciplinas, advertiu seus discípulos contra a excessiva dependência da lingüística com respeito à psicologia e insistiu expressamente na radical delimitação de abordagens (ver, *e. g.*, *44*). O antipsicologismo da fenomenologia husserliana, influente no pensamento continental do período de entreguerras, foi outro fator sensível. E, finalmente, como os lingüistas lamentaram e como Sapir, em particular, indicou, a maioria dos psicólogos daquele tempo tinha, como ainda tem, pouquíssima consciência "da importância fundamental do simbolismo no comportamento"; predisse ele que justamente tal compreensão do simbolismo específico da linguagem "contribuirá para o enriquecimento da psicologia" (*134*, p. 163).

A expectativa de Sapir foi bem depressa preenchida pelo livro de Karl Bühler (*18*), que continua sendo para os lingüistas, provavelmente, a mais inspiradora de todas as contribuições à psicologia da linguagem. Passo a passo, embora com freqüentes recaídas, os psicólogos que tratam da linguagem começam a perceber que as operações mentais ligadas à linguagem e à semiose são essencialmente diversas de quaisquer outros fenômenos psicológicos. A necessidade de dominar o fundamento da linguística torna-se mais e mais evidente. Entretanto, as "advertências preliminares" de George Miller aos psicólogos, em favor de uma penetração cada vez mais profunda na intricada ciência da linguagem, continuam inteiramente oportunas (*104; 103*).

O número sempre crescente de publicações instrutivas (v. em particular *141; 111; 112; 96; 85*) deve estimular viva discussão entre psicólogos e lingüistas. Questões tão significativas como os aspectos internos da fala, as assim chamadas estratégias mentais desenvolvidas pelos interlocutores, exigem experimentação e elucidação psicológica. Entre os problemas relevantes em parte discutidos pelos psicólogos e em parte à espera de resposta, cabe citar a programação e a percepção da fala, a atenção e a fadiga do perceptor, a redundância como antídoto contra o ruído psicológico, a memória imediata e a síntese simultânea, a retenção e o esquecimento da informação verbal, a memória gerativa e perceptiva para o código verbal, a interiorização da fala, o papel de diferentes tipos mentais no aprendizado da linguagem, a interconexão do *status* da ausência da fala e da aquisição da linguagem com diferentes graus de desenvolvimento intelectual e, de outro lado, as relações entre as deficiências verbais e o *deficit* intelectual ou, enfim, a significação da linguagem para as operações intelectuais, quando comparada ao *status* prelingual.

Mutatis mutandis, problemas psicológicos análogos surgem com respeito a outras formas de comunicação semiótica e à comunicação em geral. Em todos estes casos existe uma área claramente delimitada para a intervenção fecunda dos psicólogos e, enquanto os especialistas em psicologia não invadem a esfera intrinsecamente lingüística da forma e significado verbais com critérios e métodos especificamente psicológicos, tanto a lingüística quanto a psicologia podem e devem colher genuíno benefício das lições mútuas. Cumpre, porém, recordar constantemente que processos verbais e conceitos, em suma, todos os *signantia* e *signata* em suas inter-relações, requerem, primeiro e acima de tudo, análise e interpretação puramente lingüísticas. As tentativas ainda em curso com o fito de substituir por um tratamento psicológico as indispensáveis operações lingüísticas estão condenadas ao malogro; por exemplo, no volumoso e erudito projeto básico de Kainz, seu plano de uma gramática psicológica como "disciplina explanatória e interpretativa" oposta à gramática lingüística, a qual se lhe afigura meramente descritiva e histórica, revela vivo equívoco de concepção com respeito ao escopo e objetivos da análise lingüística (*73,* I, p. 63). Quando pretende que, do uso das conjunções em dada linguagem, o psicólogo pode inferir "as leis da construção mental" (p. 62), o autor denota falta de compreensão dos elementos essenciais da estrutura e análise lingüísticas. Similarmente, nenhum artifício psicológico pode substituir uma análise estrutural rigorosa e circunstanciada no domínio gradual e diariamente crescente da linguagem pela criança; tal indagação demanda aplicação cuidadosa de técnica e metodologia puramente lingüísticas, mas o psicólogo é chamado a correlacionar os resultados obtidos pela perícia lingüística com o pleno desenvolvimento da mentalidade e comportamento da criança (cf. *102*).

A ciência da comunicação em todos os seus três níveis está interessada nas múltiplas regras e papéis da comunicação, nos papéis de seus parceiros e nas regras de parceria destes, enquanto a psicologia está enfocada sobre os próprios parceiros individuais, sua natureza, personalidade e *status* interno. A psicologia da linguagem é, primordialmente, uma caracterização científica dos usuários da linguagem e, portanto, não há superposição mas antes cabal complementaridade entre ambas as disciplinas interessadas nas atividades verbais.

Um dos exemplos típicos da preocupação psicológica com execuções e executantes são os esforços psicanalíticos a fim de desvendar os *privata privatissima* da linguagem, provocando a verbalização do inverbalizado, experiências subliminares, a exteriorização da fala interna, e as tentativas teórica e terapeuticamente interessantes de Lacan a fim de rever e reinterpretar a correlação entre *signans* e *signatum* peculiar ao eu do paciente (*81*). Se a lingüística guia o analista, as considerações deste sobre a "supremacia do *signans*" podem, em compensação, aprofundar a compreensão do lingüista quanto à dupla natureza das estruturas verbais.

II. Lingüística e Ciências NATURAIS

Quando, das ciências especificamente antropológicas, passamos à BIOLOGIA, a ciência da vida que abarca a totalidade do mundo orgânico, as diferentes espécies de comunicação humana tornam-se mera seção de um campo de estudo bem mais vasto. Este âmbito mais amplo pode ser intitulado: meios e formas de comunicação usados pelos múltiplos seres vivos. Defrontamo-nos aí com decisiva dicotomia: não apenas a linguagem mas todos os sistemas de comunicação dos usuários da linguagem (os quais implicam todos o papel subjacente da linguagem) diferem substancialmente de quaisquer sistemas de comunicação empregados por criaturas desprovidas de fala, porque, para a espécie humana, todo sistema de comunicação está correlacionado com a linguagem e, dentro da rede global de comunicação humana, é a linguagem que assume o lugar dominante. Várias propriedades essenciais separam notavelmente os signos verbais de todo gênero de comunicação animal: o poder imaginativo e criativo da linguagem; sua capacidade de manejar abstrações e ficções e lidar com eventos e coisas distantes no espaço e/ou no tempo, em contraposição ao *hic et nunc* dos sinais animais; aquela hierarquia estrutural dos constituintes lingüísticos, rotulada de "dupla articulação" no agudo ensaio de D. Bubrikh, em 1930, sobre a singularidade e origem da linguagem humana (*17*), isto é, a dicotomia de unidades meramente distintivas (fonêmicas) e significativas (gramaticais) e a ulterior cisão dos padrões gramaticais nos níveis da palavra e sentença (unidades codificadas *vs.* matrizes codificadas); o uso de dirremas, especialmente proposições; e, por fim, a reunião e a hierarquia reversível de diversas e concorrentes funções e operações verbais (referencial, conativa, emotiva, poética, metalingüística). O número de sinais distintos produzidos por um animal é inteiramente restrito, de modo que o inteiro *corpus* das diferentes mensagens coincide com seu código. As citadas especificidades na estrutura de qualquer linguagem humana são totalmente estranhas aos animais, ao passo que várias outras propriedades, outrora tidas por limitadas à fala humana, foram agora detectadas também em várias espécies de primatas (*3*).

A passagem da comunicação animal à fala humana constitui tremendo salto qualitativo, em contradição com o desatualizado credo *behaviorista* de que a linguagem dos homens e animais difere em grau mas não em qualidade. De outra parte, não podemos partilhar das objeções recentemente suscitadas por lingüistas contra o "estudo dos sistemas de comunicação animal dentro da mesma moldura que a linguagem humana", por causa de uma presumível falta "de continuidade, em sentido evolutivo, entre as gramáticas das linguagens humanas e os sistemas de comunicação animal" (*25*, p. 73).

De fato, nenhuma revolução, por mais radical que seja, descarta a continuidade evolutiva; e uma comparação sistemática da fala dos homens e suas demais estruturas e atividades semióticas com os dados ETOLÓGICOS sobre os meios comunicativos de todas as outras espécies promete um delineamento mais estrito destes dois campos distintos (cf. *15; 169*) e uma compreensão mais profunda de suas homologias substanciais e diferenças não menos importantes. Semelhante análise comparativa promoverá ulterior alargamento da teoria geral dos signos.

As observações e a descrição da comunicação animal foram, até recentemente, tarefas muito negligenciadas, sendo os registros feitos, via de regra, fragmentários, assistemáticos e superficiais. Hoje em dia, dispomos de dados bem mais ricos e coletados com maior cuidado e habilidade, que, em muitos casos, entretanto, padecem de uma interpretação algo antropomórfica do valioso material armazenado por assíduo trabalho de campo. Assim, *e. g.*, a comunicação das cigarras que na realidade consiste em tique-tiques usados para sinais de distância e zumbidos de curto alcance combinados em um grasnido quando o chamado é dirigido simultaneamente a receptores próximos e longínquos (cf. *2*).

A tradicional oposição de linguagem humana e comunicação animal, como fenômenos culturais *vs.* naturais, aparece como ultra-simplificação. A dicotomia natureza-educação (cf. *34*, p. *5*) apresenta um problema todo enredado. A construção de comunicação animal implica, nos termos de Thorpe, "elaborada integração de componentes inatos e aprendidos", como provam as vocalizações de pássaros canoros isolados, enquanto na casca do ovo, de seus congêneres, e não apenas criados em completo isolamento, mas, em certas experiências, até ensurdecidos (*150; 148; 149*). Ainda assim executam a cópia congênita do canto próprio à sua espécie, e o padrão deste canto "não é fundamentalmente afetado", podendo, após provas graduais, sofrer algumas correções. Se o ouvido foi mantido intacto, e o pássaro retorna a seu ambiente nativo, a qualidade de suas execuções melhora e o repertório canoro pode aumentar, mas tudo isto só ocorre dentro do período de maturação do pássaro; *e. g.*, nenhuma melhoria e acréscimo é factível na habilidade de trinar do tentilhão com mais de treze meses de idade. Quanto mais baixo o organismo, mais a natureza prevalece sobre a educação [*nurture*], porém mesmo os animais inferiores podem lucrar com o aprendizado (*100*, p. 316). Como afirma Galambos, o aprendizado é comum, por exemplo, "ao octópode, ao gato e à abelha, apesar das largas diferenças em seus aparelhos neurais" (*42*, p. 233).

Também na aquisição da linguagem pela criança, natureza e cultura estão entrelaçadas: o inato constitui a base necessária para a aculturação. Entretanto, a hierarquia de ambos os fatores é oposta: o aprendizado para as crianças, e a hereditariedade para os pintainhos, os filhotes e outros animais jovens, atuam como fator determinante. A criança não pode começar a falar sem qualquer contato com locutores, mas tão logo tal contato é estabelecido, então, qualquer que seja a linguagem ambiental, a criança há de adquiri-la, contanto que não tenha passado do sétimo ano (cf. *99*), enquanto que toda linguagem ulterior também é passível de ser aprendida durante a adolescência ou a idade madura. Tudo significa que o aprendizado do sistema inicial de comunicação, seja para os pássaros seja para os seres humanos, só pode verificar-se entre dois limites cronológicos de maturação.

Este intrigante fenômeno e o fato substancial de ser a fala uma propriedade universalmente humana e exclusivamente humana demanda imperativamente atenta indagação quanto aos pré-requisitos biológicos da linguagem humana. O lembrete de Bloomfield, segundo o qual, em meio aos ramos especiais da ciências a lingüística "intervém entre a biologia, de um lado, e a etnologia, a sociologia e a psicologia, de outro" (*9*, p. 55), é dos mais oportunos. O completo malogro dos esforços mecanicistas a fim de transplantar teorias biológicas (*e. g.*, darwiniana ou mendeliana) para a ciência da linguagem ou fundir critérios lingüísticos e raciais, levou os lingüistas a desconfiar temporariamente de projetos conjuntos com a biologia, mas no momento presente, quando o estudo da linguagem, assim como o da vida experimentaram progressos contínuos e se encontram em face de novos e cruciais problemas e soluções, semelhante ceticismo tem de ser superado. A pesquisa em apreço exige a cooperação de biólogos e lingüistas, o que evitaria prematuras "teorias biológicas do desenvolvimento da linguagem" (como, em especial, *84*), empreendimentos não familiarizados nem com a evidência propriamente lingüística nem com o aspecto cultural da linguagem.

A linguagem e os outros meios de comunicação humana em suas várias operações — *mutatis mutandis* — oferecem muitas analogias instrutivas com a transferência de informação entre outras espécies de criaturas vivas. "A natureza adaptativa da comunicação" em suas multíplices variedades, constituindo-se num dos "mais excitantes" problemas lógicos, e que foi incisivamente delineada por Wallace e Srb (*160*, cap. X), implicando dois gêneros correlatos — auto-ajustamento ao meio e ajustamento do meio às nossas próprias necessidades — é, *mutatis mutandis*, uma preocupação vital da lingüística. O processo similar na vida da linguagem e na comunicação animal merece diligente e compreensiva exploração e justaposição, benéfica tanto para a etologia quanto para a lingüística. O período de interregno testemunhou as primeiras sugestões mútuas entre investigadores de ambas as disciplinas que se ocuparam dos dois mesmos aspectos da evolução: radiação adaptativa e evolução convergente (cf. *70*, 107, 235); foi nesta conexão que o conceito biológico de mimetismo atraiu a atenção dos lingüistas e, de outro lado, os biólogos analisaram como mostras de comunicação diversos tipos de mimetismo (*160*, p. 88). O desenvolvimento divergente oposto à tendência convergente na disseminação da comunicação como poderosa contraparte da difusão é estudado progressivamente na ciência da linguagem e na biologia. As manifestações muito espalhadas de um tal inconformismo lingüístico, particularismo ou "bairrismo" (*esprit de clochet*, no modo de dizer de Saussure) encontram notáveis análogos etológicos, e os biólogos investigam e descrevem o que chamam "dialetos locais" observados entre vários animais e, por exemplo, exibidos por corvos e pela diferença característica nas cintilações do namoro entre duas subespécies de pirilampos vizinhas e intimamente relacionadas (*160*, p. 88). Dos testemunhos de muitos observadores sobre vocalizações dissimilares executadas por uma e mesma espécie de pássaro em diferentes "áreas dialetais", Thorpe extrai a pressuposição de que "estes são verdadeiros dialetos e não se baseiam em descontinuidades genéticas".

Durante as últimas cinco décadas universais significativos foram gradualmente descobertos nos padrões fonológicos e gramaticais das linguagens. Obviamente, entre as inumeráveis línguas do mundo nenhuma apresenta quaisquer traços estruturais que entrem em conflito com as aptidões inatas das crianças para dominá-las no processo paulatino de aquisição da linguagem. A linguagem humana é, como os biólogos a denominam, espécie-especificada. Há em qualquer criança disposições inatas, propensões a aprender a linguagem de seu meio; nos termos de Goethe, *Ein jeder lernt nur, was er lernen kann* ["Cada qual só aprende o que pode aprender"], e nenhuma das leis fonológicas e gramaticais existentes excede as capacidades do principiante. Até onde a potencialidade herdada para aprender, ajustar e tornar própria a linguagem dos mais velhos implica o caráter inato de universais lingüísticos, eis algo que permanece uma questão inteiramente especulativa e estéril. É evidente que os padrões herdados e adquiridos acham-se estreitamente ligados, interatuam e se complementam mutuamente.

Como qualquer sistema modelador social, que tente manter o equilíbrio dinâmico, a linguagem exibe ostensivamente suas propriedades auto-reguladoras e auto-governadoras (cf. *82*, p. 73; *91*). Aquelas leis implicativas que edificam o grosso dos universais fonológicos e gramaticais e fundamentam a tipologia das linguagens encontram-se embutidas, em grande parte, na lógica interna das estruturas lingüísticas e não pressupõem necessariamente "instruções genéticas" especiais. Assim por exemplo, como Korsch mostrou há muito em sua lúcida contribuição à sintaxe comparativa (*76*), as construções hipotáticas e, em particular, as cláusulas relativas estão longe de ser universais e, em muitas linguagens, tais cláusulas representam inovação recente; não obstante, sempre que aparecem, seguem constantemente algumas regras estruturais idênticas que, como ele supõe, refletem certas "leis gerais do pensamento" ou, permitam-nos acrescentar, são inerentes à auto-regulação e ao automovimento da linguagem.

É particularmente digno de nota que os alegados "limites estritos para as variações" perdem sua compulsão em jargões secretos e em jogos verbais — privados ou semiprivados — bem como em experimentos poéticos pessoais ou linguagens inventadas. A desbravadora descoberta de Propp (*121*), que foi recentemente reforçada e aprofundada (*86; 45; 137*), revelou as rígidas leis estruturais que governam todos os contos de fada da tradição oral russa (e qualquer outra) e admite apenas um número rigidamente limitado de modelos composicionais. Tais leis restritivas, todavia, não encontram aplicação em criações tão individuais quanto os contos de Andersen ou Hoffmann. Em grau considerável, o rigor das leis gerais se deve à circunstância de que tanto a linguagem como o folclore exigem consenso coletivo e obedecem à censura comunal subliminar (*10*). Precisamente o fato de pertencer a linguagem a um "tipo estritamente socializado de comportamento humano" é, nos termos de Sapir, altamente responsável por "regularidades tais como somente o cientista natural tem o hábito de formular" (*134*).

"A natureza adaptativa da comunicação", justamente enfatizada pelos biólogos modernos, é manifesta no comportamento quer dos organismos superiores quer dos inferiores, ao se adaptarem a suas ambiências de vida ou, inversamente, ao adaptarem o referido meio-ambiente. Um dos exemplos mais impressionantes da habilidade de efetuar persistentes e intensivos ajustamentos é a maneira imitativa e destarte criativa como a criança aprende a linguagem de seus pais ou outros adultos, não obstante a recente e insustentável conjetura de que nada mais é necessário exceto "certa adaptação superficial à estrutura de seu comportamento" (*84*, p. 378).

O dom infantil para adquirir qualquer idioma, seja qual for, como primeira língua e, de um modo mais geral, a aptidão humana em dominar novos padrões lingüísticos, devem surgir primeiramente das instruções codificadas na célula germinativa, mas este pressuposto genético não nos autoriza a concluir que para o pequeno aprendiz a linguagem dos adultos não passa de "matéria-prima" (*84*, p. 375). Por exemplo, no sistema do verbo russo nenhuma das categorias morfológicas — pessoas, gêneros, números, tempos, aspectos, modos, vozes — pertence aos universais lingüísticos, e as crianças, como evidenciaram observações e registros precisos e abundantes, desenvolvem todos os seus graduais esforços a fim de compreender esses processos e conceitos gramaticais e penetrar, passo a passo, as numerosas complexidades do código dos adultos. Todos os artifícios requeridos para alcançar seu domínio são utilizados pelo principiante: simplificação inicial com a solução de componentes acessíveis, graus progressivos de aproximação ao código inteiro, experimentos metalingüísticos de glosa, várias formas de relações professor-pupilo e insistentes demandas de estudo e instrução (cf. *e. g.*, *49*, *74*); tudo positivamente contradiz as referências crédulas à "ausência de qualquer necessidade de ensinar a linguagem" (*84*, p. 379). Mas a questão do dote genético surge tão logo tratamos com os próprios fundamentos da linguagem humana.

As descobertas espetaculares dos recentes anos em biologia MOLECULAR são apresentadas pelos próprios investigadores em termos tomados à lingüística e à teoria da comunicação. O título do livro de G. e M. Beadle *A Linguagem da Vida* não é mera expressão figurativa, e o extraordinário grau de analogia entre os sistemas de informação genética e verbal justifica plenamente a assertiva condutora do referido volume: "A decifração do código DNA revelou que possuímos uma linguagem muito mais velha que os hieróglifos, uma linguagem tão antiga como a própria vida, uma linguagem que é a mais viva de todas" (*5*, p. 207).

Dos mais novos informes sobre o gradual irrompimento do código DNA e, em particular, dos relatos condensados de T. H. C. Crick (*28*) e C. Yanofsky (*167*) acerca da "linguagem de quatro letras encarnada nas moléculas de ácido nucleico" ficamos realmente sabendo que toda informação genética especificada e detalhada está contida em mensagens moleculares codificadas, a saber, em suas seqüências lineares de "palavras-código" ou "códons". Cada palavra compreende três subunidades codificantes denominadas "bases nucleótidas" ou "letras" do "alfabeto"-código. Este alfabeto consiste de quatro diferentes letras "usadas para soletrar a mensagem genetica". O "dicionário" do código genético abarca 64 palavras distintas que, com respeito a seus componentes, são definidas como "tripletos", pois cada qual forma uma seqüência de três letras. Sessenta e um desses tripletos contêm um significado individual, enquanto três são usados apenas para assinalar o término de uma mensagem genética.

Em sua alocução ao Collège de France, Jacob pintou vivamente o assombro dos cientistas com a descoberta deste alfabeto nucleico: "À antiga noção de gene, estrutura integral que se comparava às contas de um rosário, sucedeu portanto a de uma seqüência de quatro elementos repetidos por permutações. A hereditariedade é determinada por uma mensagem química inscrita ao longo dos cromossomos. A surpresa é que a especificidade genética esteja escrita, não com ideogramas, como em chinês, mas com um alfabeto, como em francês ou antes em Morse. O sentido da mensagem provém da combinação dos signos em palavras e do arranjo das palavras em frases... *A posteriori*, esta solução se afigura realmente como a única lógica. Como assegurar de outro modo semelhante diversidade de arquitetura com tal simplicidade de meios?" (*66*, p. 22). Uma vez que nossas letras constituem meros substitutos para os padrões fonêmicos de linguagem, e o alfabeto Morse não passa de substituto secundário das letras, as subunidades do código genético devem ser diretamente comparadas a fonemas. Podemos portanto afirmar que entre todos os sistemas condutores de informação, o código genético e o código verbal são os únicos baseados no uso de componentes discretos que, por si mesmos, são desprovidos de significado inerente, mas servem para constituir as mínimas unidades significativas, isto é, entidades dotadas de seu próprio significado intrínseco no código dado. Confrontando a experiência dos lingüistas e geneticistas, Jacob declarou apropriadamente: "Nos dois casos, trata-se de unidades que em si mesmas são absolutamente destituídas de sentido, mas que, agrupadas de certas maneiras, assumem um sentido, que é ou o sentido das palavras na linguagem, ou um sentido do ponto de vista biológico, ou seja, para a expressão das funções contidas, 'escritas', ao longo da mensagem química genética" (67).

A similaridade na estrutura desses dois sistemas informacionais vai, entretanto, muito além. Todas as inter-relações de fonemas são decomponíveis em diversas oposições binárias dos ulteriores indissociáveis traços distintivos. De modo análogo, duas oposições binárias fundamentam as quatro "letras" do código nucléico (cf. *107*, p. 13; *41; 29*, p. 167): timina (T), citosina (C), guanina (G) e adenina (A). Uma relação de grandeza (denominada "transversão" por Freese e Crick) opõe as duas pirimidinas T e C às purinas maiores, G e A. De outro lado, as duas pirimidinas (T *vs.* C) e, igualmente, as duas purinas (G *vs.* A) encontram-se uma para com outra numa relação de "congruência reflexiva" (*162*, p. 43) ou "transição", segundo a nomenclatura de Freese e Crick: isto é, apresentam duas ordens contrárias de doador e receptor. Assim T : G = C : A e T : C = G : A. Somente as bases duas vezes opostas mostram-se compatíveis nos dois cordões complementares da molécula DNA: T com A e C com G.

Os lingüistas e biólogos exibem compreensão ainda mais clara da configuração consistentemente hierárquica das mensagens genética e verbal enquanto seu princípio integrativo fundamental. Como indicado por Benveniste, "uma unidade lingüística não será acolhida como tal, a menos que seja possível identificá-la *em* uma unidade mais alta" (*7*, p. 123),e o mesmo dispositivo está por baixo da análise da "linguagem genética". A transição de unidades léxicas a sintáticas, de diferentes graus, encontra seu paralelo no ascenso de códons a cístrons e operons, e as duas últimas fileiras de seqüências genéticas têm sido igualadas na literatura a construções sintáticas ascendentes (ver, *e. g., 123*). Na mensagem genética as "palavras" não se acham separadas umas das outras, uma vez que sinais específicos indicam o início e o fim do operon e os limites entre os cístrons dentro do operon, sendo metaforicamente descritos como "sinais e pontuação" ou "vírgulas" (*65*, p. 1475). Na realidade correspondem aos dispositivos delimitativos usados na divisão fonológica da elocução em sentenças e destas em cláusulas e frases (*Grenzignale* ["sinais fronteiriços"], de Trubetzkoy: *152*). Se, da sintaxe, passamos ao mal explorado campo da análise do discurso, este parece oferecer certas correspondências com a "macro-organização" das mensagens genéticas e seus mais altos constituintes, réplicons e segregons (*123*).

Em contraposição à contexto-isenção de diversas linguagens formalizadas, a linguagem natural é contexto-sensitiva, e, em particular, suas palavras ostentam uma variedade de significados contextuais. As recentes observações sobre mudanças no significado de códons, dependendo de sua posição na mensagem genética (*27*), merece registro como ulterior semelhança entre dois padrões.

A estrita "colinearidade" da seqüência do tempo nas operações de codificação e decodificação caracteriza quer a linguagem verbal quer o fenômeno básico da genética molecular, a tradução da mensagem nucleica em "linguagem peptídica". Aqui, mais uma vez, deparamo-nos com uma penetração inteiramente natural de um conceito e termo lingüísticos na pesquisa de biólogos que, pela colação das mensagens originais com sua tradução peptídica, detectam os "códons sinônimos". Uma das funções comunicativas dos sinônimos verbais é a de evitar a homonímia parcial (*e. g.*, elocuções onde se emprega "ajustar" [*adjust*] em lugar de "adaptar" [*adapt*] a fim de prevenir a fácil confusão desta última palavra com seu homônimo parcial "adotar" [*adopt*]), e os biólogos indagam se uma sutil razão similar não poderia fundamentar a escolha entre códons sinônimos; "e esta redundância dá alguma flexibilidade à escritura da hereditariedade" (*66*, p. 25). A lingüística e as ciências cognatas lidam mormente com o circuito de fala e formas similares de intercomunicação, isto é, com os papéis alternados do remetente e do destinatário que oferece ou uma réplica aberta ou pelo menos silenciosa ao interlocutor. Quanto ao processamento da informação genética, parece ser irreversível; "a maquinaria da célula pode traduzir apenas em uma direção" (*28*, p. 56). Contudo, os circuitos regulativos desvendados pelos geneticistas — repressão e retro-inibição (cf. *95; 106; 65; 101*, cap. X) — parecem proporcionar ligeiro paralelo molecular à natureza dialógica da fala. Enquanto tais interações regulativas dentro do "elenco fisiológico" do genotipo efetuam o controle e seleção das instruções genéticas aceitas ou rejeitadas, a transmissão da informação hereditária às células descendentes e aos organismos ulteriores mantém uma ordem ininterrupta, em forma de corrente. A lingüística de hoje encontra-se na realidade em face de objetos intimamente relacionados. As variadas questões vinculadas à troca de informação verbal no espaço ofuscam o problema da linguagem como legado; o papel temporal, orientado para frente, programador, da linguagem, a transpor como ponte o vão entre o passado e o futuro, está agora na ordem do dia. É digno de nota que o eminente especialista russo em biomecânica, N. Bernstein, em sua testamentária "Conclusão" de 1966 (*8*, p. 334), tenha comparado sugestivamente os códigos moleculares que "refletem os processos do desenvolvimento e crescimento vindouros" com "a linguagem como estrutura psico-social e psicobiológica" dotada de um antecipador "modelo do futuro".

Como interpretar todos esses salientes traços isomórficos entre o código genético, que "parece ser essencialmente o mesmo em todos os organismos" (*161*, p. 386), e o modelo arquitetônico subjacente aos códigos verbais de todas as linguagem humanas e, *nota bene*, não partilhado por outros quaisquer sistemas semióticos, exceto a linguagem natural ou suas superestruturas suplementares? A questão desses traços isomórficos torna-se particularmente instrutiva quando compreendemos que eles não encontram análogo em qualquer sistema de comunicação animal.

O código genético, a manifestação primária da vida e, de outra parte, a linguagem, o dote universal da humanidade e com isto seu momentoso salto da genética à civilização, são os dois importantes cabedais de informação transmitidos da ancestralidade à progênie, a hereditariedade molecular e a herança verbal constituindo-se num pré-requisito necessário da tradição cultural.

As assim delineadas propriedades comuns aos sistemas de informação verbal e genética asseguram tanto a especiação * quanto a individuação ilimitada.

(*) *N. do T.*: Em atenção a um problema de conceituação científica, traduzimos *speciation* ("processo evolutivo de formação de espécies") por *especiação*.

Quando os biólogos sustentam que a espécie "é a pedra angular da evolução" e que sem a especiação não haveria diversificação do mundo orgânico e nenhuma radiação adaptativa (*101*, p. 621; cf. *36, 38*), similarmente, as linguagens com suas regularidades estruturais, equilíbrio dinâmico e poder coesivo aparecem como corolários necessários das leis universais que fundamentam qualquer estruturação verbal. Se, além do mais, os biólogos consideram que a indispensável diversidade de todos os organismos individuais, longe de ser incidental, apresenta "um fenômeno universal e necessário de coisas vivas" (*139*, p. 386), os lingüistas, por seu turno, reconhecem a criatividade da linguagem na ilimitada variabilidade da fala pessoal e na infinitiva diversificação das mensagens verbais. A lingüística partilha com a biologia o ponto de vista de que "a estabilidade e a variabilidade residem na mesma estrutura" (*95*, p. 99) e implicam uma a outra.

Ora, uma vez que "a hereditariedade, ela própria, é fundamentalmente uma forma de comunicação" (*160*, p. 71), e que o projeto arquitetônico universal do código verbal é sem dúvida um dom molecular de todo *Homo sapiens,* poder-se-ia aventurar a legítima questão de saber se o isomorfismo exibido por esses dois códigos diferentes, genético e verbal, resulta da mera convergência induzida por necessidades similares, ou se, quem sabe, os alicerces dos evidentes padrões lingüísticos, sobrepostos à comunicação molecular, foram moldados diretamente sobre os princípios estruturais dela.

A ordem molecular hereditária evidentemente não tem relação com as diversas variáveis na composição semântica e formal das linguagens. Há, entretanto, certa faceta da fala individual que nos permite presumir a possibilidade de uma dotação genética. Em aditatamento à multiforme informação intencional, nossa elocução traz características inalteráveis e inalienáveis, geradas mormente na parte inferior do aparelho da fala, entre a área abdominal diafragmática e a faringe. O estudo dessas características fisionômicas foi inaugurado por Edward Sievers sob o rótulo de *Schallanalyse* ["Fono-análise"] e desenvolvida por ele e seu discípulo, o astuto musicólogo Gustav Becking, no transcurso do primeiro terço de nosso século (*138, 6*). Todos os oradores, escritores e músicos pertencem, verificou-se, a um dos três tipos básicos (com ulteriores subdivisões) expressos, no comportamento inteiramente exteriorizado de todo indivíduo, como curvas rítmicas específicas que, em conseqüência, receberam o nome de *Generalkurven* ["Curvas Gerais"] ou *Personalkurvem* ["Curvas Pessoais"]; elas também foram denominadas *Beckingkurven* ["Curvas de Becking"], pois sua descoberta se deve a Becking em sua pesquisa conjunta com Sievers. As três curvas foram catalogadas como segue (6, p. 52 sq.):

Dominante	Secundária
aguda ———	aguda (Tipo Heine)
"	redonda (Tipo Goethe)
redonda ———	" (Tipo Schiller)

Se um representante de um dos tipos precisa recitar, cantar ou executar uma obra de um poeta, de um compositor do mesmo tipo cinestésico, o desempenho parece reforçar-se por tal afinidade, mas se o autor e o executante pertencem a dois tipos totalmente opostos, a reprodução padece de inibições (*Hemmungen*). Resulta daí que os três tipos idiossincráticos e suas inter-relações aplicam-se a todas as espécies de nossas atividades motoras, tais como a maneira dos movimentos faciais, manuais, corporais, porte, caligrafia, desenho, dança, esporte e namoro. As atrações e repulsões entre diferentes tipos atuam não apenas dentro de uma esfera motora singular mas também através das diversas esferas. Ainda mais, o efeito de certos estímulos auditivos e visuais é afim a um dos três tipos motores e, correspondentemente, estes incentivos podem quer estimular quer inibir a resposta, como sucedeu na experiência com um grupo de leitores quando se defrontaram, em ordem alternada, com os mesmos versos ligados a uma figura de arame ora de um tipo coincidente ora de um tipo oposto.

Em sua notável súmula das mencionadas curvas pessoais, Sievers assevera que "são o que há de mais constante em geral no homem pensante e atuante: pelo menos, apesar de minha pesquisa de longos anos, não tomei conhecimento de caso algum em que um indivíduo, na sua própria produção, dispusesse livremente de mais de uma Curva de Becking, por mais rico que fosse em variabilidade sonora... Tampouco cabe dúvida de que a Curva de Becking pertence à propriedade *inata* do indivíduo (como é possível comprovar com recém-nascidos) e de que na sua transposição de indivíduo para indivíduo as costumeiras leis gerais da hereditariedade desempenham um grande, senão preponderante papel. Assim é de compreender quando estirpes ou povos inteiros às vezes se servem quase exclusivamente de uma e mesma Curva de Becking" (*138*, p. 74). O caráter inato das três "curvas individuais" afigura-se assaz provável, porém requer ainda cuidadosa verificação.

Esta pesquisa que ostentava uma soberba perícia e penetrante intuição de parte de ambos os pesquisadores, mas que originalmente carecia de qualquer fundamentação teórica, foi infelizmente interrompida, mas poderia e deveria ser agora retomada com novos princípios metodológicos. A tentativa de tipologia psicofísica de Sievers e Becking deveria sofrer confronto com problemas tais como a atração e repulsão entre associados e casais, os tipos variantes na progênie de pais dissimilares e a presumível influência dessas variações nas relações entre pais e rebentos. A questão de saber se a hereditariedade de tais componentes fisionômicos, virtualmente estéticos, da linguagem pode lograr aplicação filogenética, ampliada, permanece aberta.

Foi o grande físico Niels Bohr que repetidamente advertiu os biólogos contra o medo de "noções como propositalidade [*purposiveness*] alheias à física, mas que se prestam tão prontamente à descrição dos fenômenos orgânicos". Diagnosticou e prognosticou ele que as duas atitudes — uma mecanicista e outra finalista — "não apresentam concepções contraditórias sobre problemas biológicos, mas, antes, sublinham o caráter mutuamente exclusivo das condições de observação, igualmente indispensáveis em nossa busca de uma descrição cada vez mais rica da vida" (*11*, p. 100). O artigo programático de Rosenblueth, Wiener e Bigelow sobre propósito e teleologia (*126*), com sua escrupulosa classificação do comportamento proposital, constituiria, como Campbell reconhece (*22*, p. 5), "uma útil introdução" ao livro deste último — e, poder-se-ia acrescentar, a muitos outros trabalhos cardeais — sobre a evolução orgânica, especialmente a humana.

A discussão da diretividade-de-meta [*goal-directedness*] na biologia hodierna é de vital interesse para todos os ramos do conhecimento referentes às atividades do organismo e os juízos adiantados podem servir para corroborar uma aplicação consistente do modelo meios-fins ao plano da linguagem, à sua manutenção auto-reguladora da integridade e equilíbrio dinâmico (homeostase), bem como às suas mutações (cf. *23; 37*). Embora os mesmos rótulos usados no estágio pré-estrutural da lingüística histórica — "mudanças cegas, casuais, fortuitas, a esmo, deslizes acidentais, erros multiplicados, casualidades" — ainda sejam tenazes na fraseologia e credo biológicos, acentua-se cada vez mais, de outra parte, a impossibilidade de omitir conceitos tão centrais como "propositalidade", "antecipação", "iniciativa e previsão" (*30*, p. 239; *149*, cap. I). Wallace e Srb criticam a preocupação tradicional em evitar a fraseologia teleológica e as referências a propósitos como algo inteiramente desatualizado, uma vez que os problemas em pauta não mais se relacionam a qualquer crença em um *élan vital* (*160*, p. 109). De acordo com Emerson, os biólogos têm forçosamente de "reconhecer a existência de direção para futuras funções em organismos pré-mentais como as plantas e animais inferiores". Ele não vê necessidade "de por a palavra *propósito* entre aspas" (*38*, p. 207) e sustenta que "homeostase e busca de meta são a mesma coisa" (*37*, p. 162).

Para os fundadores da cibernética, "teleologia" era sinônimo de "propósito controlado por realimentação [*feed-back*]" (*126*), abordagem que foi amplamente desenvolvida nos estudos biológicos de Waddington (*158; 157*) e de Schmalhausen (*146; 145*). Como declarou recentemente o mais eminente biólogo russo de nosso tempo, N. A. Bernstein, "numerosas observações em todas as áreas da biologia mostraram, já faz tempo, indiscutível propositalidade nas estruturas e processos peculiares aos organismos vivos. Esta propositalidade impressiona como diferença manifesta, talvez mesmo decisiva, dos sistemas vivos em face de quaisquer objetos de natureza inorgânica. Na aplicação a objetos biológicos, a perguntas 'como' e 'por que razão', exaustivamente suficientes em física ou química, têm de ser necessariamente complementadas por uma terceira pergunta, de igual relevância: 'para que propósito'" (*8*, p. 326). "Apenas os dois conceitos introduzidos pela biocibernética, o código e o modelo codificado antecipatório do futuro, indicavam impecável saída materialista deste aparente impasse" (p. 327). "Todas as observações quanto à formação do organismo em sua embriologia e ontogenia, bem como na escala filogenética, denotam que o organismo em seu desenvolvimento e atividades procura o máximo de neg-entropia compatível com sua estabilidade vital. Semelhante formulação do 'propósito' biológico não demanda psicologização" (p. 328). "A pertinência biológica impele a indispensável e inevitável questão de 'para que propósito' ao primeiro plano" (p. 331). O descobrimento da habilidade dos organismos em construir e integrar códigos materiais que refletem as múltiplas formas de atividade e desempenhos extrapolativos, dos tropismos às formas mais complexas de influência sobre o meio-ambiente, capacita Bernstein a "falar acerca da diretividade-de-meta, orientação-de-meta etc. de um organismo, qualquer que seja ele, a começar talvez pelos protistas", sem o menor risco de escorregar para um finalismo sobrenatural (p. 309).

Uma reivindicação ainda mais resoluta em favor do estatuto autônomo da ciência da vida foi expressa pelo eminente biólogo de Harvard, George Gaylord Simpson: "As ciências físicas excluíram, com razão, a teleologia, o princípio de que o fim determina os meios, de que o resultado está retroativamente ligado à causa por um fator de propósito, ou de que a utilidade seja em qualquer sentido elucidativa (*140*, p. 370). Mas em biologia não só é legítimo como ainda necessário perguntar e responder questões teleológicas em aspectos concernentes à função ou utilidade para organismos vivos de tudo quanto existe e ocorre neles" (p. 371). Simpson repetidamente insiste que "o aspecto proposital dos organismos é incontroversível" e que o reducionismo antiteleológico "omite o *bios* da biologia" (*139*, p. 86). Em um reexame anterior da teleologia, Jonas Salk acentuou que "os sistemas vivos requerem diferentes considerações quando comparados a sistemas não-vivos; a idéia de propósito nos sistemas vivos não é apenas relevante, mas essencial". Ele explica "que está na natureza do organismo ser orientado para a mudança que ocorre. A natureza intrínseca do organismo influencia o alcance e a direção da mudança que pode acontecer; a mudança que sucede vem a ser adicionada a outras, as quais todas juntas parecem ser 'causas' em cujo sentido o organismo em desenvolvimento é atraído", e a palavra "causa" neste contexto obtém o nexo filosófico de "fim ou propósito" (*131*).

Apoiando-se no exemplo da astronomia científica que suplantou a astrologia especulativa, Pittendrigh propôs substituir "teleologia" por "teleonomia" a fim de tornar claro que "o reconhecimento e a descrição da diretividade de fim" estão isentos de associações indesejáveis com o dogma metafísico aristotélico. O novo termo trazia a idéia de que toda organização reconhecida como característica de vida "é relativa e dirigida a um fim", e que qualquer casualidade é "o inverso da organização" (*119*, p. 394). O novo termo mostrou ser oportuno (cf. *166*) e, na concepção de Monod, "a Teleonomia é a palavra que se pode empregar se, por pudor objetivo, preferimos evitar 'finalidade'. Entretanto, 'tudo se passa' como se os seres vivos fossem estruturados, organizados e condicionados com vistas a um fim: a sobrevivência do indivíduo, mas sobretudo a da espécie" (*107*, p. 9). Monod descreve o sistema nervoso central como "a mais evolvida das estruturas teleonômicas" e aventura-se a interpretar a emergência do sistema especificamente humano, superior, como seqüela do aparecimento da linguagem, que mudou a biosfera em "novo domínio, a noosfera, o reino das idéias e da consciência". Em outras palavras, "a linguagem é que teria criado o homem, mais do que o homem a linguagem" (p. 23).

Se os problemas da orientação-de-meta continuam em debate na biologia, quaisquer dúvidas se apresentam deslocadas tão logo nos aproximamos dos seres humanos, modos de vida e instituições, em particular, da linguagem humana. Esta última, como o próprio homem na sagaz formulação de MacKay, "é um sistema teleológico ou dirigido-para-um-fim [*goal-directed*]" (*97;* cf. *59*). A crença obsoleta de que "a propositalidade não pode ser logicamente a principal fonte do desenvolvimento da linguagem" (*84*, p. 378) falsifica a própria natureza da linguagem e do comportamento humano intencional.

As recidivas do medo supersticioso do modelo meios-fins que ainda atormentam alguns lingüistas são os últimos remanescentes de um estéril reducionismo. Como exemplo característico, podemos citar a afirmativa de um lingüista, segundo a qual "na discussão do lugar do homem na natureza não há lugar para o mentalismo", uma vez que "o homem é um animal e sujeito a todas as leis da biologia", e finalmente, segundo a qual "a única pressuposição válida é a do fisicalismo", porquanto "a vida é parte do mundo inorgânico e sujeita a todas as leis da física" (*57*, p. 136; cf. *56*).

Esta prevenção quase-biológica de lingüistas é categoricamente repelida pelos próprios biólogos. Quanto ao antimentalismo, eles nos ensinam que na evolução da natureza humana "a inteligência integra o conhecimento e lhe dá direção"; é um "processo mental propositadamente dirigido com consciência de meios e fins" (*54*, p. 367). Quanto ao animalismo, Dobzhansky condena o fantasioso clichê de que o homem nada é senão um animal como "um espécime de falácia genética". Com respeito ao biologismo oni-abrangente, ele nos lembra que "não se pode entender a evolução humana como processo puramente biológico, por que, além da componente biológica, o outro fator, cultural, deve por sua vez ser levado em conta" (*35*, p. 18). No tocante ao fisicalismo simplista, "os organismos apresentam de fato características e processos que não ocorrem conjuntamente em materiais e reações não-orgânicos" (*140*, p. 367). Enquanto a biologia percebeu plenamente que as unidades de hereditariedade são discretas e, portanto, imiscíveis [*non-blending*], o mesmo lingüista, fiel ao espírito do reducionismo, empenha-se em explicar a emergência de constituintes discretos do código verbal através do "fenômeno da mistura" como "o único modo(!) logicamente (!) possível (!)" (*57*, p. 142). A suprema questão filogenética da lingüística, a origem da linguagem, foi proscrita pela doutrina neogramática, mas presentemente a emergência da linguagem precisa ser reconciliada com as outras mudanças que assinalam a transição da sociedade pré-humana para a humana. Tal justaposição também pode fornecer certas chaves para uma relativa cronologia. Assim, houve tentativas de elucidar a inter-relação genética entre linguagem e arte visual (*17; 122*). A arte figurativa parece implicar a presença da linguagem e, deste modo, os mais primitivos vestígios da arte representativa provêem a glotogonia com um plausível *terminus ante quem*.

Além disso, podemos conectar três universais entre as realizações exclusivamente humanas: 1. manufatura de ferramentas para fazer ferramentas; 2. surgimento de elementos puramente distintivos, fonêmicos, desprovidos de significado próprio mas utilizados para construir unidades significativas, a saber, morfemas e palavras; 3. tabu do incesto, conclusivamente interpretado pelos antropólogos (*98; 164; 89; 130*) como a indispensável precondição para o intercâmbio mais amplo de companheiros e, destarte, para a expansão do parentesco e a conseqüente edificação de alianças econômicas, cooperativas e defensivas. Em suma, este dispositivo serve para criar no homem "a solidariedade que transcende a família" (*114*). Na realidade, todas essas três inovações citadas introduzem instrumentos puramente auxiliares, secundários, que servem para elaborar os instrumentos primários necessários à fundação da sociedade humana com sua cultura material, verbal e espiritual. Um princípio mediato abstrato reside na idéia dos instrumentos secundários e a emergência desses seus três aspectos deve ter constituído o passo mais importante da "animalidade" para a mente cabalmente humana. Os rudimentos dessas três posses fundamentalmente similares surgiram, é provável, dentro do mesmo período paleontológico e os mais primitivos espécimes de ferramentas escavadas — tais como pontas e buris (*110*, p. 95) — destinados a confeccionar ferramentas capacitam-nos a postular uma conjetural época glotogônica. Em particular, a necessidade da fala articulada para a formulação de regras que definam e proíbam o incesto e inaugurem a exogamia (*163*) sugere ulterior especificação na seqüência evolutiva. Como o psicólogo o formula, "as distinções entre os que são permitidos ou favorecidos como companheiros e os que são rejeitados como 'incestuosos' obedecem ao governo de um sistema de nominação que só pode ser dominado por alguém capaz de manejar a linguagem humana" (*16*, p. 75). A importância da fala no desenvolvimento e difusão da manufatura de ferramentas pode ser do mesmo modo pressuposta.

A FISIOLOGIA da produção de fala ultrapassa seu antigo estágio atomístico, fragmentário e adquire alcance interdisciplinar cada vez mais amplo. Entre os exemplos instrutivos, caberia mencionar a compreensiva tabulação do mecanismo da fala, efetuada por Žinkin (*170*),* e as fecundas experiências ora em curso nos laboratórios de Leningrado, Lund, Nova York, Praga, Santa Bárbara e Estocolmo. A nova interpretação biomecânica dos movimentos programados e controlados, desenvolvida por Bernstein e seus colobaradores (*8*), deveria ser levada em conta igualmente pelos foneticistas. O estudo dos sons da fala como comandos e atos motores dirigidos-para-um-fim [*goal-directed*], com particular referência a seu efeito auditivo e ao propósito a que servem na linguagem, exige esforços coordenados de especialistas em todas as facetas dos fenômenos fônicos, desde o aspecto biomecânico dos movimentos articulatórios até as sutilezas de uma análise puramente fonológica. Tão logo semelhante trabalho de equipe seja realizado, a análise da fala obterá fundamentos completamente científicos e responderá às "exigências da invariância relativística" como o requisito metodológico obrigatório para qualquer campo da pesquisa moderna (*11*, p. 71).

O mais profundo discernimento da relação entre o organismo humano e suas aptidões e atividades verbais é alcançado através da ajuda mútua de NEUROBIÓLOGOS e lingüistas numa indagação comparativa sobre as várias lesões do córtex e as deficiências afásicas resultantes. Uma análise intrinsecamente lingüística desvenda três dicotomias subjacentes aos seis tipos de afasia delineados por Luria (*94*) e corroborados por observações de outros neurobiólogos contemporâneos (cf. *53*). A classificação das deficiências afásicas baseada nesta análise apresenta um padrão relacional simétrico e manifestamente coerente e, quando confrontamos este padrão estritamente lingüístico com os dados anatômicos, ele prova estar muito próximo da topografia das lesões cerebrais responsáveis pelas diversas deficiências (*71*). Um ulterior desenvolvimento de tal pesquisa in-

---

(*) *N. do T.*: Mantivemos aqui a transliteração Žinkin, em lugar de Jínkin, como caberia, face ao critério exposto pelos Organizadores na nota introdutória. Assim procedemos para não alterar a ordem alfabética e a numeração das *Referências Bibliográficas* finais.

terdisciplinar na fala afásica e psicótica abrirá vistas novas e compreensivas para o estudo do cérebro e suas funções, bem como para a ciência da linguagem e outros sistemas semióticos. Compreensão mais profunda das bases biológicas da linguagem é de esperar da experiência em curso com trepanações cerebrais (ver *143*).

Por enquanto quase nada se sabe acerca da rede interna de comunicação verbal e, em particular, acerca do estágio neural na entrada e saída de traços distintivos; esperamos que no futuro próximo a neurobiologia proporcionará resposta a esta questão de interesse primordial para a compreensão e posterior estudo das últimas unidades lingüísticas. A transmissão destas vem obtendo elucidação cada vez mais precisa com o rápido progresso da ACÚSTICA física, mas a discriminação de invariantes e variáveis demanda a assistência dos lingüistas que percebem a abstrusidade extrínseca e a autonomia intrínseca dos sistemas fonológicos, e uma simples troca sistemática de informação entre os dois conjuntos de cientistas há de adiantar uma apreensão mais plena e clara das leis universais da configuração fonêmica (cf. *69*). Esta pesquisa torna-se particularmente produtiva quando os achados lingüísticos se conjugam com dados PSICOFÍSICOS, e Yilmaz desvenda uma homologia estrutural básica não apenas entre as vogais e consoantes, mas também entre os sons orais percebidos pelo ouvido humano e as cores vistas pelo olho humano (*168*).

A acústica é o único ramo da FÍSICA que partilha um tema comum com a ciência da linguagem. No entanto, a reorientação gradual tanto na física quanto na lingüística, no transcurso de nosso século, trouxe à tona algumas lições e questões epistemológicas cruciais que resultaram ser comuns a ambas as ciências e merecem discussão combinada. F. de Saussure ainda acreditava que "na maioria dos domínios que são objeto da ciência, o problema das unidades nem sequer se coloca, estas são dadas de pronto" (*135*, p. 23); naquele tempo a lingüística parecia a seus protagonistas a única disciplina com dificuldades para assentar suas unidades elementares. Hoje, problemas similares espalharam-se por vários campos do conhecimento. Assim, a física das partículas, por exemplo, defronta-se com a controvertida questão de saber se as partículas "elementares" que formam o núcleo não se compõem de unidades discretas ainda menores, denominadas "quarks", e os princípios subjacentes a esses debates físicos e lingüísticos são de interesse mútuo e de emprego também em outros campos do conhecimento. Embora a interação entre o objeto em observação e o sujeito observador, e a dependência da informação obtida pelo observador de sua posição relativa (*11*, p. 307) sejam atualmente compreendidas quer por físicos quer por lingüistas (*153*), ainda não foram tiradas, em lingüística, todas as necessárias inferências desta premissa compulsória e, por exemplo, ao misturar os pontos de vista de locutor--ouvinte, os investigadores deparam com dificuldades. A possibilidade e a conveniência de aplicar o princípio da complementaridade de Bohr à lingüística foi realçado já por seu eminente compatriota Viggo Bröndal (*14*), mas ainda aguarda exame sistemático. Muitos outros exemplos de novos e comuns problemas metodológicos e teóricos poderiam ser consignados, como, por exemplo, os conceitos de simetria e anti-simetria que assumem uma posição ainda mais importante na lingüística e nas ciências naturais, assim como as questões de determinismo "temporal" ou "mórfico" e de flutuações reversíveis ou mudanças irreversíveis (cf. *70*, pp. 527, 652). Diversos pontos essenciais comuns às ciências da comunicação e à TERMODINÂMICA, em particular a "equivalência de neg-entropia e informação" (*13*), abrem novas perspectivas.

O seminário conjunto sobre física e lingüística, que efetuamos com Niels Bohr cerca de dez anos atrás no M. I. T., resultou na conclusão de que a contraposição da lingüística, como uma disciplina de precisão inferior, às assim chamadas ciências "exatas" e, em especial, à física, é unilateral. Efetivamente, a *informação* obtida do mundo externo pelo físico consiste meramente de "índices" unidirecionais, e em sua interpretação ele impõe à experiência seu próprio código de "símbolos", um "trabalho de imaginação" adicional (na expressão de Brillouin: *13*, p. 21), ao passo que o código de símbolos verbais existe e funciona inteiramente dentro da comunidade de fala como um instrumento eficiente e indispensável no processo reversível da *intercomunicação*. Conseqüentemente, o pesquisador realista, participante virtual ou factual em semelhante troca de símbolos de comunicação, simplesmente os traduz em um código de símbolos metalingüísticos e, por isso, está capacitado a lograr uma verossimilhança mais elevada na interpretação dos fenômenos observados.

Como, ao fim, a ciência é uma representação lingüística da experiência (*58*, p. 15), a interação entre os objetos representados e os instrumentos lingüísticos de representação demanda controle desses instrumentos como pré-requisito indispensável para qualquer ciência. Esta tarefa implica um apelo de assistência à ciência da linguagem, e a lingüística, em compensação, deve, supõe-se, ampliar o escopo de suas operações analíticas. *

(*Tradução de J. Guinsburg*)

(*) O autor agradece as valiosas discussões com George Beadle, Suzanne Bourgeois, Jacob Bronowski, Jerome Bruner, Zellig Harris, François Jacob, Claude Lévi-Strauss, A. R. Luria, André Lwoff, Leslie Orgel, David McNeill, Talcott Parsons, Karl Pribram, Jonas Salk e Francis Schmitt, bem como o auxílio do Research Laboratory of Electronics (M. I. T.), do Center for Cognitive Studies (Harvard) e de The Salk Institute for Biological Studies, os quais favoreceram todos, graciosamente, a pesquisa relativa ao presente estudo. Agradece, ainda, a Bevin Ratner pela ajuda que lhe prestou no seu preparo.

Referências Bibliográficas

1. *Actes du Premier Congrès de Linguistes du 10-15 avril 1928* (Leide 1928).

2. R. D. Alexander and T. E. Moore, "Studies on the Acoustical Behavior of Seventeen-Year Cicadas", *The Ohio Journal of Science*, LVIII (1958)

3. S. A. Altmann, "The Structure of Primate Social Communication", *Social Communication among Primates*, S. A. Altmann (ed.), (Chicago 1967).

4. D. L. Arm (ed.), *Journeys in Science* (Albuquerque 1967).

5. G. & M. Beadle, *The Language of Life: An Introduction to the Science of Genetics* (Nova York 1966).

6. G. Becking, *Der musikalische Rhythmus als Erkenntnisquelle* (Augsburg 1928).

7. É. Benveniste, *Problèmes de linguistique générale* (Paris 1966), Cap. X: "Les niveaux de l'analyse linguistique".

8. N. Bernstein, *Ótcherki po fisiológuii dvijénii i fisiológuii aktívnosti* (Moscou 1966).

9. L. Bloomfield, *Linguistic Aspects of Science* (Chicago 1939).

10. P. Bogatyrev, R. Jakobson, "Die Folklore als eine besondere Form des Schaffens", *Donum Natalicium Schrijnen* (Nijmegen-Utrecht 1962).

11. N. Bohr, *Atomic Physics and Human Knowledge* (Nova York 1962).

12. W. Bright (ed.), *Sociolinguistics* (Haia 1966).

13. L. Brillouin, *Scientific Uncertainty, and Information* (Nova York-Londres 1964).

14. V. Bröndal, *Essais de linguistique générale* (Copenhague 1943).

15. J. Bronowski, "Human and Animal Languages", *To Honor Roman Jakobson*, I (Haia-Paris 1967).

16. J. S. Bruner, *Toward a Theory of Instruction* (Nova York 1968).

17. D. Bubrikh, "Niéskolko slov o potókie riétchi", *Biuleten LOIKFUN*, V (1930).

18. K. Bühler, *Sprachtheorie* (Iena 1934).

19. K. Burke, *The Rhetoric of Religion* (Boston 1961).

20. R.-G. Burnel (ed.), *Acoustic Behavior of Animals* (Amsterdam 1963).

21. Geneviève Calame-Griaule, *Ethnologie et langage* (Paris 1965).

22. B. G. Campbell, *Human Evolution — An Introduction to Man's Adaptations* (Chicago 1967^2).

23. W. B. Cannon, *The Wisdom of the Body* (Nova York 1932).

24. N. Chomsky, "The formal nature of language", Apêndice a *84*.

25. N. Chomsky, "The General Properties of Language", ver *105*.

26. N. Chomsky, "On the Notion 'Rule of Grammar'", ver *72*.

27. B. F. C. Clark and K. A. Marcker, "How Proteins Start", *Scientific American*, CCXVIII (Jan. 1968).

28. T. H. C. Crick, "The Genetic Code", *Scientific American*, CCXI (Oct. 1962), CCXV (Oct. 1966).

29. T. H. C. Crick, "The Recent Excitement in the Coding Problem", *Progress in Nucleic Acid Research*, I (1963).

30. C. D. Darlington, *The Evolution of Genetic Systems* (Nova York 1958²).

31. M. Davis (ed.), *The Undecidable Basic Papers on Undecidable Propositions, Unsolvable Problems and Computable Functions* (Nova York 1965).

32. J. F. Delafresnaye (ed.), *Brain Mechanisms and Learning — A Symposium organized by The Council for International Organizations of Medical Sciences* (Oxford 1961).

33. I. DeVore (ed.), *Primate Behavior* (Nova York 1965).

34. T. Dobzhansky, *Heredity and the Nature of Man* (Nova York 1964).

35. T. Dobzhansky, *Mankind Evolving* (New Haven, Conn. 1962).

36. A. E. Emerson, "The Evolution of Behavior Among Social Insects", ver *124*.

37. A. E. Emerson, "Homeostasis and comparison of systems", ver *46*.

38. A. E. Emerson, "The Impact of Darwin on Biology", *Acta Biotheoretica*, XV, Paris IV (1962).

39. Susan Ervin-Tripp, *Sociolinguistics* — Working Paper Nº 3, Language-Behavior Research Laboratory (Berkeley 1967).

40. J. A. Fishman (ed.), *Readings in the Sociology of Language* (Haia-Paris 1968).

41. E. Freese, "The Difference between Spontaneous and Base-Analogue Induced Mutations of Phage T4", *Proceedings of the National Academy of Sciences*, XXXV (1958).

42. R. Galambos, "Changing Concepts of the Learning Mechanism", ver *32*.

43. T. Gladwin, Wm. C. Sturtevant (eds.), *Anthropology and Human Behavior* (Washington, D. C. 1962).

44. R. Godel, *Les sources manuscrites du 'Cours de linguistique générale' de F. de Saussure* (Genebra-Paris 1957).

45. A. J. Greimas, "Le conte populaire russe — Analyse fonctionnelle", *International Journal of Slavic Linguistics and Poetics*, IX (1965).

46. R. R. Grinker (ed.), *Toward a Theory of Human Behavior* (Nova York 1967²).

47. J. J. Gumperz, D. Hymes (eds.), *Directions in Sociolinguistics* (Nova York 1967).

48. J. J. Gumperz, D. Hymes (eds.), *The Ethnography of Communication* = *American Anthropoligist*, LXVI, Nº 6, Paris 2 (1964).

49. A. Gvózdiev, *Vopróssi izutchénia diétskoi riétchi* (Moscou 1961).

50. Z. S. Harris, "Discourse Analysis", *Language*, XXVIII (1952).

51. Z. S. Harris, *Mathematical Structures of Language* (a ser publicado).

52. E. Haugen, *Language Conflict and Language Planning* (Cambridge, Mass. 1966).

53. H. Hécaen, "Brain Mechanisms Suggested by Studies of Parietal Lobes", ver *105*.

54. C. J. Herrick, *The Evolution of Human Nature* (Nova York 1956).

55. L. Hjelmslev, *Prolegomena to a Theory of Language* (Madison 1961²).

56. C. F. Hockett, "Biophysics, Linguistics, and the Unity of Science", *American Scientist*, XXXVI (1948).

57. C. Hockett, R. Ascher, "The Human Revolution", *Current Anthropology* (1964).

58. E. H. Hutten, *The Language of Modern Physics* (Londres-Nova York 1956).

59. J. S. Huxley, "Cultural Process and Evolution", ver *124*.

60. D. H. Hymes, "Directions in (ethno-) linguistic theory", *American Anthropologist*, LXVI (1964), Nº 3, 2ª Parte.

61. D. H. Hymes, "The Ethnography of Speaking", ver *43*.

62. D. H. Hymes, "Toward Ethnographies of Communication", ver *48*.

63. D. H. Hymes (ed.), *Language in Culture and Society* (Nova York-Evanston III. — Londres 1964).

64. A. Ivanov, L. Iakubínski, *Ótcherki po iaziku* (Leningrado 1932).

65. F. Jacob, "Genetics of the Bacterial Cell", Science, CLII (June 10, 1966).

66. F. Jacob, *Leçon inaugurale* faite le Vendredi 7 Mai 1965 (Collège de France).

67. F. Jacob, R. Jakobson, C. Lévi-Strauss, Ph. L'Héritier, "Vivre et parler", *Les Lettres Françaises*, Nº 1221-2 (Fev. 1968).

68. R. Jakobson, "Linguistics and Poetics", ver *136*.

69. R. Jakobson, "The Role of Phonic Elements in Speech Perception", *Zeitschrift für Phonetik*, XXI (1968).

70. R. Jakobson, *Selected Writings*, I (Haia 1962).

71. R. Jakobson, *Selected Writings*, II (Haia-Paris 1968): "Toward a Linguistic Classification of Aphasic Impairments", "Linguistic Types of Aphasia".

72. R. Jakobson (ed.), *Structure of Language and Its Mathematical Aspects* = American Mathematical Society, *Proceedings of Symposia in Applied Mathematics*, XII (1961).

73. F. Kainz, *Psychologie der Sprache*, I-V (Stuttgart 1954-1962).

74. W. Kaper, *Einige Erscheinungen der kindlichen Spracherwerbung erläutert im Lichte des vom Kinde gezeigten Interesses für Sprachliches* (Groningen 1959).

75. S. Koch (ed.), *Psychology: A Study of a Science*, VI (Nova York 1963).

76. F. Korsch, *Spóssobi otnossítielnovo podtchiniénia — Glavá iz sravnítielnovo sintáksissa* (Moscou 1877).

77. A. L. Kroeber (ed.), *Anthropology Today* (Chicago 1953).

78. A. L. Kroeber, C. Kluckhohn, *Culture* = *Papers of the Peabody Museum*, XLVII, Nº 1 (1952).

79. W. Labov, "The reflections of social processes in linguistic structures", ver *40*.

80. W. Labov, *The Social Stratification of English in New York City* (Washington, D. C. 1966).

81. J. Lacan, *Écrits* (Paris 1966).

82. O. Lange, *Wholes and Parts — A General Theory of System Behavior* (Varsóvia 1962).

83. E. Leach, "Ritualization in man in relation to conceptual and social development", *Philosophical Transactions of the Royal Society of London*, B, CCLI (1967).

84. E. H. Lenneberg, *Biological Foundations of Language* (Nova York 1967).

85. A. A. Leôntiev, *Psikholingvística* (Leningrado 1967).

86. C. Lévi-Strauss, "L'analyse morphologique des contes russes", *International Journal of Slavic Linguistics and Poetics*, III (1960).

87. C. Lévi-Strauss, *Anthropologie structurale* (Paris 1958), Cap. XVII.

88. C. Lévi-Strauss, "Social Structure", ver *77*.

89. C. Lévi-Strauss, *Les structures élémentaires de la parenté* (Paris 1949).

90. S. Lieberson (ed.), *Explorations in Sociolinguistics* (Haia 1966).

91. A. Liapunov, "O niékotorikh óbchikh vopróssakh kibernétiki", *Probliémi kibernétiki*, I (1958).

92. J. Locke, *Essay Concerning Humane Understanding* (1690).

93. F. G. Lounsbury, *Linguistics and Psychology*, ver 75.

94. A. Luria, *Human Brain and Psychological Processes* (Nova York 1966).

95. A. Lwoff, *Biological Order* (Cambridge, Mass. 1965).

96. J. Lyons, R. J. Wales (eds.), *Psycholinguistics papers* (Edimburgo 1966).

97. D. M. MacKay, "Communication and Meaning — a Functional Approach", ver *109*.

98. B. Malinowski, "'Culture", *Encyclopedia of the Social Sciences*, IV (1931).

99. L. Malson, *Les enfants sauvages — mythe et réalité* (Paris 1964).

100. P. Marler, "Communication in Monkeys and Apes", ver *33*.

101. E. Mayr, *Animal Species and Evolution* (Cambridge, Mass. 1966).

102. D. McNeill, "Developmental Sociolinguistics", ver *142*.

103. G. A. Miller, "Psycholinguistic Approaches to the Study of Communication", ver *4*.

104. G. A. Miller, "Some Preliminaries to Psycholinguistics", *American Psychologist*, XX (1965).

105. C. H. Millikan (ed.), *Brain Mechanisms Underlying Speech and Language* (Nova York 1967).

106. J. Monod, "From Enzymatic Adaptation to Allosteric Transitions", *Science*, CLIV (1966).

107. J. Monod, *Leçon inaugurale* faite le Vendredi 3 Novembre 1967 (Collège de France).

108. A. Naville, *Nouvelle classification des sciences. Étude philosophique* (Paris 1901), Cap. V.

109. F. S. C. Northrop, Helen Livingstone (eds.), *Cross-Cultural Understanding: Epistemology in Anthropology* (Nova York 1964).

110. K. P. Oakley, *Man the Tool-maker* (Chicago 1960[2]).

111. C. E. Osgood, "Psycholinguistics", ver 75.

112. C. E. Osgood, T. A. Sebeok (eds.), *Psycholinguistics, A Survey of Theory and Research Problems* (Bloomington, Ind. 1965[2]).

113. I. Osolsobě, "Ostension as the Limit Form of Communication", *Estetika*, IV (Praga 1967).

114. T. Parsons, "The Incest Taboo in relation to social structure and the Socialization of the Child", *British Journal of Sociology*, VII (1954).

115. T. Parsons, *Sociological Theory and Modern Society* (Nova York 1967).

116. J. Pelc, "Funkcjonalne podejscie do semiotyki logicznej jezyka naturalnego", *Studia filosoficzne* (1967).

117. C. S. Peirce, *Collected Papers*, I-V (Cambridge, Mass. 1965[3]).

118. J. Piaget, *La psychologie, les relations interdisciplinaires et le système des sciences* (XVIII Congrès International de Psychologie, Moscou 1966).

119. C. S. Pittendrigh, "Adaptation, Natural Selection, and Behavior", ver *124*.

120. E. Post, "Absolutely Unsolvable Problems and Relatively Undecidable Propositions", ver *31*.

121. V. Propp. *Morfológuia skázki* (Leningrado 1928).

122. R. J. Pumphrey, "The Origin of Language", *Acta Psycholoigca*, IX (1953).

123. V. Ratner, "Liniéinaia uporiádotchenost guenetítcheskikh soobchénii", *Probliémi kibernétiki*, XVI (1966).

124. A. Roe and G. G. Simpson (eds.), *Behavior and Evolution*, Cap. XVIII (Yale Univ. Press 1958).

125. S. Rosenberg (ed.), *Directions in Psycholinguistics* (Londres 1965).

126. A. Rosenblueth, N. Wiener, J. Bigelow, "Behavior, Purpose and Teleology", *Philosophy of Science*, X (1943).

127. F. Rossi-Landi, "Note di semiotica", *Nuova Corrente*, XLI (1967).

128. F. Rossi-Landi, "Sul linguaggio verbale e non-verbale", *Nuova Corrente*, XXXVII (1966).

129. J. Ruesch and W. Kees, *Nonverbal Communication* (Berkeley 1961[4]).

130. M. D. Sahlins, "The Social Life of Monkeys, Apes and Primitive Man", ver *144*.

131. J. Salk, "Human Purpose — A Biological Necessity", *Bulletin of The Phillips Exeter Academy* (Exeter, N. H., Junho 1961).

132. E. Sapir, *Language* (Nova York 1921).

133. E. Sapir, *Selected Writings* (Berkeley - Los Angeles 1963): "Language"; "Communication".

134. E. Sapir, "The Status of Linguistics as a Science", *Language*, V (1929).

135. F. de Saussure, *Cours de linguistique générale* (Paris 1922²).

136. T. Sebeok (ed.), *Style in Language* (Nova York 1960).

137. S. Sieriébriani, "Interpretátzia 'fórmuli' V. I. Proppa", *Tézissi dokladov vo vtorói liétniei chkolie po vtorítchnim modelíruiuchim sistiéman* (Tartúskii gos. univiersitiét 1966).

138. E. Sievers, "Ziele und Wege der Schallanalyse", *Stand und Aufgaben der Sprachwissenschaft — Festschrift für W. Streitberg* (Heidelberg 1924).

139. G. G. Simpson, "Biology and the Nature of Life", *Science*, CXXXIX (1962).

140. G. G. Simpson, "The Crisis in Biology", *American Scholar*, XXXVI (1967).

141. T. Slama-Cazacu, *Langage et contexte* (Haia 1961).

142. F. Smith and G. A. Miller, *The Genesis of Language — A Psycholinguistic Approach* (Cambridge, Mass. - Londres 1966).

143. R. W. Sperry, M. S. Gazzaniga, "Language Following Surgical Disconnection of the Hemispheres", ver *105*.

144. J. N. Spuhler (ed.), *The Evolution of Man's Capacity for Culture* (Detroit 1959).

145. S. Schmalhausen, "Chto takóie nasliédstvienaia informátzia?", *Probliémi kibernétiki*, XVI (1966).

146. S. Schmalhausen, "Evoliútzia v sviétie kibernétiki", *Probliémi kibernétiki*, XIII (1965).

147. V. Tauli, *Introduction to a Theory of Language Planning* (Upsala 1968).

148. W. H. Thorpe, *Birdsong* (Cambridge 1961).

149. W. H. Thorpe, *Learning and Instinct in Animals* (Londres 1963²).

150. W. H. Thorpe, "Some Characteristics of the Early Learnig Period in Birds", ver *32*.

151. N. Trubetzkoy, *Grundzüge der Phonologie* (Göttingen 1962³): "Autobiographische Notizen".

152. N. Trubetzkoy, "Die phonologischen Grenzsignale", *Proceedings of the 2nd International Congress of Phonetic Sciences* (Cambridge 1936).

153. B. Uspiênski, "Probliémi lingvistítcheskoi tipológuii v aspiéktie razlitchénia 'govoriáchevo' (adriessanta) i 'slúchaiuchevo' (adriessata)ᵛ, *To honor Roman Jakobson*, III (Haia - Paris 1967).

154. C. F. Voegelin, "A 'Testing Frame' for Language and Culture", *American Anthropologist* (1950).

155. V. Volochinov, *Marksizm i filossófia iaziká* (Leningrado 1929).

156. L. S. Vygotsky, *Thought and Language* (Nova York 1962).

157. C. H. Waddington, *The Nature of Life* (Londres 1961).

158. C. H. Waddington, *The Strategy of the Genes* (Londres - Nova York 1957).

159. F. Waismann, *Introduction to Mathematical Thinking; the formation of concepts in modern mathematics* (Nova York 1959).

160. B. Wallace, A. M. Srb, *Adaptation* (Englewood Cliffs N. J. 1964[2]).

161. J. D. Watson, *Molecular Biology of the Genes* (Nova York - Amsterdam 1965).

162. H. Weyl, *Symmetry* (Princeton, N. J. 1952).

163. L. A. White, *The Evolution of Culture* (Nova York - Toronto - Londres 1959); Cap. IV: "The Transition from Anthropoid Society to Human Society".

164. L. A. White, *The Science of Culture* (Nova York 1949): "The Definition and Prohibition of Incest".

165. B. L. Whorf, *Language, Thought, and Reality* (Nova York 1965).

166. G. C. Williams, *Adaptation and Natural Selection* (Princeton, N. J. 1966).

167. C. Yanofsky, "Gene Structure and Protein Structure", *Scientific American*, CCXVI (Maio 1967.).

168. H. Yilmaz, "A Theory of Speech Perception", I-II, *Bulletin of Mathematical Biophysics*, XXIX-XXX (1967-1968).

169. N. Žinkin, "An Application of the Theory of Algorithms to the Study of Animal Speech", ver *20*.

170. N. Žinkin, *Miekhanízmi riétchi* (Moscou 1958).

171. N. Žinkin, "O kódovikh pieriekhódakh vo vnútrieniei riétchi", *Vopróssi iazikoznánia*, Nº 6 (1964).

POESIA DA GRAMÁTICA
E GRAMÁTICA DA POESIA

Segundo Edward Sapir (*a*), a justaposição de seqüências como — *the farmer kills the duckling* ["o lavrador mata o patinho"] e *the man takes the chick* ["o homem apanha o pintainho"] — faz-nos "sentir instintivamente, sem a mais leve tentativa de análise consciente, que as duas sentenças adotam precisamente o mesmo padrão, que são na realidade uma mesma sentença fundamental, diferindo apenas pelo revestimento material. Em outros termos, exprimem de maneira idêntica idênticos conceitos de relação". Inversamente, podemos modificar a sentença ou os vocábulos que a constituem, "sob o seu aspecto puramente relacional, não-material", sem alterar nenhum dos conceitos materiais expressos. Se, igualmente, atribuirmos a certos termos da sentença uma posição diferente dentro de sua estrutura sintática, e substituirmos, por exemplo, a seqüência "A kills B" ["A mata B"] pela seqüência inversa "B kills A" ["B mata A"], não estaremos submetendo a nenhuma variação os conceitos materiais em questão, mas unicamente seu relacionamento mútuo. Da mesma forma, a substituição de *farmer* ["lavrador"] por *farmers* ["lavradores"] ou de *kills* ["mata"] por *killed* ["matou"] modifica unicamente os conceitos de relação da sentença, não havendo alteração nos "recursos concretos da fala"; seus "acessórios materiais" permanecem inalterados.

Apesar da existência de algumas formações de transição ou limítrofes, há na língua, nítida e definida, uma discriminação entre estas duas classes de conceitos — materiais e de relação — ou, em termos mais técnicos, entre seu aspecto lexical e seu aspecto gramatical. O lingüista deve ser fiel a esta dicotomia estrutural objetiva e traduzir cabalmente em sua metalinguagem técnica os conceitos gramaticais de fato existentes numa dada língua, sem impor quaisquer categorias arbitrárias ou estranhas à língua observada. As categorias descritas são constituintes intrínsecos do código verbal, manipulados pelos usuários da língua, não sendo de maneira nenhuma "conveniências de gramáticos", como até mesmo pesquisadores atentos da gramática dos poetas — Donald Davie, por exemplo, — foram levados a crer.

Uma diferença nos conceitos gramaticais não representa necessariamente diferença no estado de coisas por eles referido. Se uma testemunha afirma que "the farmer killed the duckling" ["o lavrador matou o patinho"], enquanto outra afirma que "the duckling was killed by the farmer" ["o patinho foi morto pelo lavrador"], os dois homens não podem ser acusados de apresentar testemunhos discrepantes, apesar da extrema diferença entre os conceitos gramaticais expressos pelas construções ativa e passiva. Um único e idêntico estado de coisas é apresentado pelas frases — *Lie* (ou *lying* ou *to lie*) *is a sin* (ou *is sinful*) *; To lie is to sin* ["Men-

(*) N. dos O.: Os exemplos correspondem às frases portuguesas *A mentira é um pecado* (ou *é pecaminosa*) e *Mentir é pecado* (ou *é pecaminoso*). O sistema gramatical do português não possibilita, porém, uma construção idêntica à de *Lying is a sin* (ou *is sinful*), com o gerúndio em função de sujeito.

tir é pecar"]; *Liars sin* ["Os mentirosos pecam"] (ou *are sinful* ["são pecaminosos"] ou *are sinners* ["são pecadores"]) ou com um singular de generalização — *The liar sins* ["O mentiroso peca"] (ou *is sinful* ["é pecaminoso"], *is a sinner* ["é um pecador"]). Diferem apenas na forma de apresentação. Fundamentalmente a mesma proposição equacional pode ser expressa em termos de agentes (*liars* ["mentirosos"], *sinners* ["pecadores"]) ou de ações (*to lie* ["mentir"], *to sin* ["pecar"]); também podemos apresentar tais ações como que abstratizadas (*lyng*) * e reificadas (*lie* ["mentira"], *sin* ["pecado"]) ou atribuí-las ao sujeito como propriedades suas (*sinful* ["pecaminoso"]). As classes de palavras são categorias gramaticais que refletem, segundo o manual de Sapir, "não tanto nossa análise intuitiva da realidade, mas a possibilidade de compor essa realidade sob padrões formais diversos". Posteriormente, nas notas preliminares a seu projetado *Foundations of Language,* Sapir (*b*) apresenta em linhas gerais os tipos fundamentais de referentes que servem de "base natural para as classes de palavras", a saber, *existentes,* e sua expressão lingüística, o *substantivo; ocorrentes,* expressos pelo *verbo;* e, finalmente, *modos de existência e de ocorrência,* representados na língua pelo *adjetivo* e pelo *advérbio,* respectivamente.

Jeremy Bentham, talvez o primeiro a desvendar as múltiplas "ficções lingüísticas", subjacentes à estrutura gramatical e usadas através de todo o campo da linguagem, como "recursos necessários", chegou em sua *Theory of Fictions* a esta conclusão, que vale por um desafio: "É, pois, à língua — e somente à língua — que as entidades fictícias devem sua existência, sua impossível, porém indispensável existência". As ficções lingüísticas não devem ser "confundidas com realidades" nem ser atribuídas à imaginação criadora dos lingüistas; ao contrário, "devem sua existência", efetivamente, "apenas à língua" e, particularmente, "à forma gramatical do discurso", nas palavras de Bentham.

O papel indispensável, obrigatório, que os conceitos gramaticais desempenham coloca-nos face ao intrincado problema do relacionamento existente entre o valor

---

(*) *N. dos O.*: Cf. nota anterior. A construção portuguesa que mais se aproxima do caráter abstrato do inglês *Lying is a sin* é *Mentindo peca-se.*

cognitivo, referencial, e a ficção lingüística. É questionável, realmente, a significação dos conceitos gramaticais ou representam eles, talvez, realidades subliminares a que estão simplesmente vinculados? Até que ponto o pensamento científico pode superar a pressão dos padrões gramaticais? Independentemente da solução que se encontre para questões ainda tão controvertidas, existe certamente um domínio da atividade verbal, no qual "as regras classificatórias do jogo" (Sapir, *a*) adquirem sua significação mais importante — é na FICÇÃO, na arte verbal, que as FICÇÕES LINGÜÍSTICAS se realizam plenamente. É bastante evidente que os conceitos gramaticais — ou, na acurada terminologia de Fortunatov, "os significados formais" — têm sua aplicação mais ampla na poesia enquanto manifestação mais formalizada da língua. No seu domínio, onde a função poética predomina sobre a função estritamente cognitiva, esta é mais ou menos obscurecida ou, como Sir Philip Sidney afirmou em sua *Defence of Poesie*: "Quanto ao poeta, ele nada afirma e, portanto, nunca mente". Em vista disso, para usar a formulação sucinta de Bentham, "as Ficções do poeta são isentas de insinceridade".

Quando, no fim do poema "Khorochó", de Maiakóvski, lemos — *i jizn' / khorochá, // i jit / khorochó //* (literalmente: "a vida é boa e o viver é bom") — dificilmente se perceberá uma diferença de ordem cognitiva entre essas duas orações coordenadas, mas na mitologia poética a ficção lingüística do processo substantivado e, portanto, hipostasiado transforma-se numa imagem metonímica da vida como tal, tomada em si mesma e como substituta da pessoa viva, — *abstractum pro concreto*, como Galfredus de Vino Salvo, o arguto erudito inglês do início do século XIII, diz em sua *Poetria Nova* (v. Faral). Contrastando com a primeira oração, que apresenta o adjetivo predicativo no feminino de pessoa, concordando com o sujeito da oração, a segunda oração tem um infinitivo imperfectivo e, assim, representa, com uma forma neutra e impessoal de predicado, um processo puro, sem qualquer limitação ou transposição e com uma abertura para um dativo de agente.

A "figura de gramática" recorrente, que, ao lado da "figura de som", era considerada por Gerard Manley Hopkins como o princípio constitutivo do verso, é ainda mais palpável nas formas poéticas em que unidades métricas contíguas se combinam de forma mais ou menos consistente em dísticos e, opcionalmente, em tercetos, através do paralelismo gramatical. A afirmação de Sapir, acima citada, é perfeitamente aplicável a essas seqüências contíguas: "são na realidade uma mesma sentença fundamental, diferindo apenas pelo revestimento material".

Vários autores tentaram delinear diferentes espécimes desse paralelismo canônico ou quase canônico, que J. Gonda denomina *carmen style* em monografia em que nos oferece muitas observações interessantes sobre "grupos vocabulares binários balanceados", presentes nos Vedas e também nas baladas e ladainhas litúrgicas dos nias. Têm merecido especial atenção dos estudiosos o *parallelismus membrorum* dos textos bíblicos, com raízes em antiga tradição cananéia, e o papel permanente e dominante do paralelismo na poesia e na prosa chinesa. Um esquema semelhante apresenta-se subjacente na poesia oral fino-húngara, turca e mongólica, e também desempenha um papel fundamental nas canções e recitativos populares russos (1), como, por exemplo, neste preâmbulo típico de um poema heróico russo (*bilina*):

> *Kak vo stólnom górodie vo Kíeve*
> *A u láskova kniázia u Vladímira,*
> *A i bilo stolovánie potchótni stol,*
> *A i bilo pirovánie potchótni pir,*
> *A i vsié na piru da napiválisia,*
> *A i vsié na piru da poraskhvástalis,*
> *Úmni khvástaiet zolotói kaznói,*
> *Glúpi khvástaiet molodói jenói.*

"Eis que na cidade capital de Kiev,
No palácio do grandioso príncipe Vladímir,
Houve um banquete, um banquete de honra,
Houve um festim, um festim honorário,
E todos no festim se embebedaram,
E todos no festim se vangloriaram,
O inteligente se vangloria de sua arca de ouro,
O parvo se vangloria de sua jovem esposa."

(1) Para uma visão do estado atual das pesquisas, no campo internacional, sobre os fundamentos ou bases paralelísticas da poesia oral e escrita, ver: "Grammatical Parallelism and its Russian Facet", *Language*, XLII (1966).

Os sistemas paralelísticos em arte verbal nos dão uma visão direta da própria concepção dos falantes com respeito às equivalências gramaticais. A análise dos tipos de licença poética que ocorrem no domínio do paralelismo, como por exemplo o estudo das convenções relativas à rima, pode fornecer-nos pistas importantes para a interpretação do sistema de uma determinada língua e das classes em que se ordenam seus constituintes (por exemplo, a equação comumente formada no fínico entre o alativo e o ilativo ou entre o pretérito e o presente que se destacam dos casos e categorias verbais não emparelháveis, conforme as observações de Steinitz em seu trabalho pioneiro de investigação sobre o paralelismo na Carélia). Fenômenos como a interação entre equivalências e discrepâncias sintáticas, morfológicas e léxicas, como os diferentes tipos de contigüidades semânticas, similaridades, sinonímias e antonímias, enfim, os diferentes tipos e funções dos chamados "versos isolados", todos esses fenômenos estão a exigir uma análise sistemática, análise esta indispensável à compreensão e interpretação dos vários mecanismos gramaticais da poesia. Um problema poético e lingüístico de tamanha importância como o paralelismo dificilmente poderá ser tratado com eficácia se sua análise ficar automaticamente restrita à forma externa e for excluída toda e qualquer discussão dos significados gramaticais e lexicais.

Nas infindáveis cantigas de viagem dos lapões de Kola (v. Kharuzin), duas personagens se apresentam justapostas, executando as mesmas ações. Esse tópico uniforme é responsável por uma concatenação automática dos versos que se estruturam da seguinte maneira: "*A* está sentado do lado direito do barco; *B* está sentado do lado esquerdo. *A* tem um remo na mão direita; *B* tem um remo na mão esquerda", etc.

Nas estórias cantadas ou narradas do folclore russo que têm como personagens Fomá e Ieriemá (Tomás e Jeremias), os dois irmãos sem sorte são usados como motivação cômica para uma cadeia de orações paralelas que não passam de paródias do *carmen style,* típico da poesia popular russa, e que apresentam características, por assim dizer, diferenciais, dos dois irmãos, através da justaposição de expressões ou de imagens de coincidência extrema: "Descobriram Ieriemá e encontraram Fomá; bateram em Ieriemá e não perdoaram a Fomá; Ieriemá fugiu para um bosque de bétulas, e Fomá para um de carvalhos", etc. (consultar a respeito os trabalhos de Aristov e Adriânova-Piérietz, que contêm muitas informações sobre estas estórias, assim como a análise cuidadosa feita por Bogatirióv).

Na balada "Vassíli e Sofia", pertencente ao folclore da Rússia Setentrional (v. particularmente as variantes publicadas por Soboliévski e Astákhova e as notas de sumário desta última), o paralelismo gramatical binário funciona como eixo da intriga, a ele se vinculando todo o desenvolvimento dramático dessa bela e concisa *bilina*. Em termos de paralelismo antitético, a cena inicial na igreja apresenta o contraste entre a piedosa invocação dos fiéis — "Deus Pai!" — e o apelo incestuoso de Sofia — "Meu irmão Vassíli!". A maliciosa intervenção da mãe vem a seguir, introduzindo uma cadeia de dísticos em que o herói e a heroína aparecem unidos por uma correspondência estrita existente entre cada verso dedicado ao irmão e a contraparte que fala da irmã. Alguns desses pares de membros paralelos lembram em sua construção estereotipada os clichês das cantigas lapônias mencionadas acima: "Vassíli foi enterrado à direita / E Sofia foi enterrada à esquerda //". O entrelaçamento dos destinos dos dois amantes é reforçado por construções em quiasmo — "Vassíli, beba mas não dê a Sofia, / E Sofia, beba, mas não dê a Vassíli! // Mas Vassíli bebeu e brindou a Sofia, / Mas Sofia bebeu e brindou a Vassíli //". Têm a mesma função as imagens de um *kiparis* (cipreste), árvore de nome masculino, no túmulo de Sofia, e de uma *vierba* (chorão), de nome feminino, no túmulo de Vassíli, ao lado da tumba da irmã: "Eles entrelaçaram as suas frondes / e eles confundiram as suas folhas. //" A destruição paralela das duas árvores pela mãe faz eco à morte violenta dos dois amantes. Duvido que os esforços de estudiosos como Christine Brooke-Rose, no sentido de traçar uma linha rigorosa de demarcação entre tropos e cenário poético, sejam aplicáveis a esta balada. É, em geral, muito restrito o número de poemas e correntes poéticas em que se comprova a existência desse limite.

Numa de suas mais brilhantes contribuições à poética — um trabalho escrito em 1865, *On the Origin of*

Beauty, — Hopkins afirma que estruturas canônicas como as da poesia hebraica, "agrupadas em paralelismos", são bem conhecidas, "mas que o importante papel desempenhado pelo paralelismo de expressão em nossa poesia não é bem conhecido: acho que surpreenderá a todos quando fôr apontado pela primeira vez". Não considerando algumas exceções isoladas, como o reconhecimento recente de Berry, o papel desempenhado pela "figura de gramática" na poesia mundial da antigüidade até o momento presente surpreende ainda os estudiosos de literatura, quase um século depois de ter sido apontado por Hopkins. A poética antiga e medieval teve um vislumbre da gramática poética e parecia prestes a discriminar os tropos lexicais das figuras de construção (*figurae verborum*), mas perderam-se em seguida estes rudimentos positivos.

Pode-se afirmar que na poesia a similaridade se superpõe à contigüidade e, assim, "a equivalência é promovida a princípio constitutivo da sequência" (2). Nela toda reiteração perceptível do mesmo conceito gramatical torna-se um procedimento poético efetivo. Uma descrição não-apriorística, atenta, exaustiva, com-

---

(2) Ver "Linguistics and Poetics", *Style in Language*, ed. por T. Sebeok (New York 1960). (*N. dos O.*: Tradução brasileira: "Lingüística e Poética", *Lingüística e Comunicação*, São Paulo 1969). A estrutura gramatical de diversos poemas do século IX ao século XX foi analisada pelo autor nos seguintes trabalhos: "Pokhvala Konstantina Filóssofa Grigoriu Bogoslovu", *George Florovsky Festschrift* (New York, no prelo); (com P. Valesio) "Vocabulorum constructio in Dante's sonnet 'Se vedi li occhi miei'", *Studi Danteschi*, XLIII (Florença 1966); "Struktura dveju srbohrvatskih pesama", *Zbornik za filologiju i lingvistiku*, IV-V (Novi Sad 1961-62); "The Grammatical Texture of a Sonnet from Sir Philip Sidney's 'Arcadia'", *Studies in Language and Literature in Honour of M. Schlauch* (Varsóvia 1966); "Razbor tobólsk¡kh stikhov Radíchcheva", *XVIII viek, VII* (Leningrado 1966); "The Grammatical Structure of Janko Král"s Verses", *Sbornik filozofickej fakulty Univerzity Komenského*, XVI (Bratislava 1964); (com C. Lévi-Strauss) "Les Chats de Charles Baudelaire", *L'Homme*, II (1962); "Une microscopie du dernier Spleen dans les Fleurs du Mal", *Tel Quel*, Nº 29 (Paris 1967); "Struktura na poslednoto Botevo stihotvorenie", *Ezik i literatura*, XVI (Sofia 1961); (com B. Casacu) "Analyse du poème 'Revedere' de Mihai Eminescu". *Cahiers de linguistique théorique et appliquée*, I (Bucareste 1962); "Diévuchka piela" (poema de A. Blok), *Orbis scriptus D. Tschizewksij zum 70. Geburtstag* (Munique 1966); (com P. Colaclides) "Grammatical Imagery in Cavafy's Poem 'Remember, Body'", *Linguistics*, XX (The Hague 1966); "Der grammatische Bau des Gedichts von B. Brecht 'Wir sind sie'", *Beitraege zur Sprachwissenschaft, Volkskunde und Literaturforschung, W. Steinitz dargebracht* (Berlim 1965) (*N. dos O.*: Traduzido neste volume sob o título: "A construção gramatical do poema 'Wir sind sie' / 'Nós somos êle' de B. Brecht"); e os trabalhos a que nos referimos nas notas 3 e 5. (*N. dos O.*: Acrescentar a esta lista o ensaio (com L. S. Picchio) "Os oxímoros dialéticos de Fernando Pessoa" e a "Carta a Haroldo de Campos sobre a textura poética de Martin Codax", contidos neste volume.) Todo o terceiro volume dos *Selected Writings* de Roman Jakobson, atualmente em preparação, é dedicada a "Poesia da Gramática e Gramática da Poesia".

pleta, dos processos de seleção, distribuição e inter-relacionamento das diferentes classes morfológicas e das diferentes construções sintáticas presentes em um dado poema surpreende até mesmo o investigador que a realiza. Surpreendem-no simetrias e anti-simetrias inesperadas, notáveis, as estruturas balanceadas, a acumulação eficiente de formas que se equivalem e contrastes que sobressaem e, finalmente, as eliminações, conseqüentes e severas restrições no repertório dos constituintes morfológicos e sintáticos usados no poema, as quais permitem, por outro lado, acompanhar a hábil integração dos constituintes nele realizados. Vale a pena insistir no caráter extraordinário desse instrumental poético; qualquer leitor sensível perceberia, como diria Sapir, instintivamente, o efeito poético e a carga semântica desses mecanismos gramaticais, "sem a mais leve tentativa de análise consciente". Em muitos casos, o próprio poeta se coloca neste sentido em posição semelhante à do leitor. Da mesma forma, tanto o indivíduo habituado a ouvir, como o que canta ou recita poemas folclóricos baseados num paralelismo quase constante, percebem quando ocorre algum desvio na composição, sem, contudo, mostrarem-se capazes de analisá-lo, como os *guslars* * sérvios e sua audiência notam e muitas vezes reprovam qualquer desvio no padrão silábico e na posição regular da censura das canções épicas, mas não sabem definir o que consideram errado.

São muitas vezes os contrastes na estrutura gramatical que servem de apoio à divisão métrica de um poema em estrofes e segmentos menores, como ocorre, por exemplo, na dupla tricotomia da canção de batalha hussita, do início do século XV (3). Tais contrastes podem até mesmo funcionar subjacentemente como alicerces de uma composição em *strata*, como podemos observar no poema de Marvell, "To his Coy Mistress"**, com três parágrafos tripartidos, gramaticalmente delimitados e subdivididos.

A justaposição de conceitos gramaticais contrastantes pode ser comparada ao chamado "corte dinâmico",

(*) N. dos O.: Tocadores de *gúslia*, antigo instrumento de cordas.

(3) Ver: "Ktož jsú boží bojovníci", *International Journal of Slavic Linguistics and Poetics*, VII (1963).

(**) N. dos O.: Traduzido para o português por Augusto de Campos; v. Augusto e Haroldo de Campos, *Traduzir & Trovar* (São Paulo 1968), pp. 139-141.

utilizado na montagem cinematográfica, um tipo de corte em que, na definição de Spottiswoode, por exemplo, a justaposição de tomadas ou seqüências contrastantes é utilizada para suscitar idéias na mente do espectador, idéias estas que não são veiculadas por cada tomada ou seqüência em si.

Entre as categorias gramaticais utilizadas em paralelismos e contrastes estão, com efeito, todas as classes de palavras, variáveis e invariáveis, as categorias de número, gênero, caso, grau, tempo, aspecto, modo e voz, as classes de concretos e abstratos, de animados e inanimados, os nomes próprios e comuns, as formas afirmativas e negativas, as formas verbais finitas e infinitas, pronomes e artigos definidos e indefinidos e os diversos elementos e construções sintáticos.

O escritor russo Vieriessáiev confessa, em suas notas íntimas, ter, por vezes, sentido a poesia de imagens como "uma mera contrafacção da verdadeira poesia". Em regra geral, nos poemas sem imagens, é a "figura de gramática" que domina e sobrepuja os tropos. Tanto a canção de batalha hussita quanto as líricas de Púchkin — como "Ia vas liubil" ["Eu vos amei"] — são exemplos eloqüentes desse monopólio dos procedimentos gramaticais. O que ocorre mais comumente, porém, é a interação intensiva dos dois elementos, como por exemplo nas estrofes de Púchkin "Tchtó v ímieni tiebie moióm" ["Que te importa meu nome?"], que contrasta de forma evidente com a composição "sem imagens" acima citada, ambas escritas no mesmo ano e provavelmente dedicadas à mesma dama, Karolina Sobańska (4). Os veículos metafóricos e imaginativos de um poema podem opor-se ao seu nível factual, através do contraste concomitante e incisivo de seus constituintes gramaticais, como observamos, por exemplo, nas meditações concisas do polonês Cyprian Norwid, um dos maiores poetas universais do fim do século XIX (5).

O caráter obrigatório dos processos e dos conceitos gramaticais não permite ao poeta outra atitude senão a de enfrentá-los; ou ele procura a simetria e

(4) Cf. o estudo comparativo destes dois poemas de Púchkin, constante da versão russa do presente trabalho, que faz parte do volume publicado pela Academia Polonesa de Ciências — *Poetics Poetyka Poètika* (Varsóvia 1961).
(5) Ver: "'Przeszłość' Cypriana Norwida", *Pamietnik literacki*, LVI (Varsóvia 1963).

adere a esses padrões simples, diáfanos, reiteráveis, baseados num princípio binário, ou luta com eles, em busca de um "caos orgânico". Já por várias vezes afirmei que a rima como técnica "ou é gramatical ou antigramatical", mas nunca agramatical, e o mesmo se aplica à gramática dos poetas em geral. Neste sentido há uma analogia notável entre o papel da gramática na poesia e a composição pictórica baseada numa ordem geométrica latente ou manifesta e a que se baseia numa reação contra a disposição geométrica. Nas artes figurativas, os princípios geométricos representam uma "bela necessidade" ["*beautiful necessity*"], segundo a expressão que Bragdon tomou a Emerson. É a mesma necessidade que na língua caracteriza os significados gramaticais (6). A correspondência existente entre essas duas áreas — que já no século XIII fora apontada por Robert Kilwardby (v. Wallerand, p. 46), e que levou Spinoza a tratar a gramática *more geometrico*, — ressurgiu num ensaio lingüístico de Benjamin Lee Whorf — "Language, Mind and Reality", publicado logo após sua morte: Madras, 1942. Nesse estudo, o autor analisa os "esquemas de estrutura da frase" abstratos em oposição às "frases individuais" e ao vocabulário que é "de certa forma rudimentar e constitui parte por si só insuficiente" da ordem lingüística, e tem em vista "uma 'geometria' de princípios formais característica de cada língua". Outra comparação entre gramática e geometria foi esboçada por Stálin na polêmica que travou em 1950 contra a visão lingüística de Marr: a propriedade relevante da gramática assenta em seu poder de abstração; "abstraindo-se de tudo o que é particular e concreto nas palavras e nas frases, a gramática trata apenas do padrão geral, subjacente às mudanças e à combinação das palavras em frases, construindo desse modo leis e regras... Neste sentido, a gramática se assemelha à geometria que, com suas leis, abstrai-se a si própria dos objetos concretos, considera os objetos como corpos despojados de sua existência concreta e define suas mútuas relações não como relações concretas de determinados objetos concretos, mas como relações de

---

(6) Cf. "Boas' View of Grammatical Meaning", *American Anthropologist*, LXI, 5, parte 2, *Memoir* 89 (1959). *N. dos O.*: Tradução brasileira: "A concepção de significação gramatical segundo Boas", *Lingüística e Comunicação* (São Paulo 1969).

corpos em geral, isto é, como relações destituídas de toda concretude." (7) É no poder de abstração do pensamento humano, segundo os autores citados, que assentam suas bases tanto as relações geométricas quanto a gramática. É ele que superpõe figuras gramaticais e geométricas simples ao universo pictórico dos objetos particulares e aos "recursos" léxicos concretos da arte verbal, como de maneira perspicaz o entenderam, no século XIII, Villard de Honnecourt com relação às artes gráficas e Galfredus com relação à poesia.

O papel axial desempenhado pelos diferentes tipos de pronomes na tessitura gramatical da poesia é devido ao fato de serem eles, ao contrário de todos os outros vocábulos autônomos, entidades puramente gramaticais, unidades relacionais. Devemos incluir nesta classe, além dos pronomes substantivos e adjetivos, também os pronomes adverbiais e os chamados verbos-substantivos (melhor seria dizer pronominais) como *ser* e *ter*. A relação dos pronomes com os vocábulos não-pronominais tem sido repetidas vezes comparada à relação entre corpos geométricos e corpos físicos (v. por ex. Zariétzki).

A tessitura gramatical da poesia apresenta, além dos procedimentos comuns ou mais constantes, muitos traços diferenciais salientes, característicos de uma dada literatura nacional ou de um período limitado, de uma tendência específica, de um determinado poeta ou até mesmo de uma única obra. Os estudiosos de arte do século XIII cujos nomes citamos fazem-nos lembrar o senso de composição e a perícia extraordinários da época gótica e nos ajudam a interpretar a estrutura impressionante da canção de batalha hussita "Ktož jsú boží bojovníci". E é deliberadamente que insistimos neste estimulante poema revolucionário quase isento de tropos, despojado de elementos decorativos e de maneirismos. A estrutura gramatical desta obra apresenta uma articulação particularmente elaborada.

Como ficou demonstrado na análise dessa canção (v. nota 3), cada uma de suas três estrofes dispõe-se em forma trina, dividindo-se em três unidades estróficas menores — *membra*. Cada uma das três estrofes

---

(7) V. A. Zviéguintzev chamou a minha atenção para o fato de que a comparação feita por Stálin entre a gramática e a geometria parece basear-se na visão de V. Bogoróditzki, um notável discípulo do jovem Baudouin de Courtenay e de M. Kruszewski.

possui traços gramaticais específicos, que denominamos "similaridades verticais". Cada um dos três *membra* das três estrofes possui propriedades que lhe são particulares, denominadas "similaridades horizontais", propriedades estas que distinguem qualquer *membrum* da estrofe dos outros dois. O *membrum* inicial e o *membrum* final da canção se acham ligados ao *membrum* central (o segundo *membrum* da segunda estrofe) e diferem dos demais *membra* por apresentar determinados traços específicos. Isso nos permite ligar esses três *membra* por uma "diagonal descendente", em oposição a uma "diagonal ascendente", que liga o *membrum* central da canção ao *membrum* final da estrofe inicial e ao *membrum* inicial da estrofe final. Além disso, similaridades notáveis unem entre si, separando-os do resto da canção, os *membra* iniciais da primeira e da terceira estrofes com o segundo *membrum* da segunda estrofe e, por outro lado, os segundos *membra* da primeira e da terceira estrofes com o terceiro *membrum* da segunda estrofe. Podemos denominar à primeira disposição "arco perpendicular inicial", já que envolve *membra* iniciais, ao passo que a última, que envolve um *membrum* final, será chamada "arco perpendicular final". Aparecem ainda "arcos invertidos" igualmente delimitados do ponto de vista gramatical — um "inicial", unindo os *membra* iniciais da primeira e da última estrofe com o *membrum* central da segunda estrofe, e um "arco invertido final", ligando os *membra* centrais da primeira e da última estrofes com o *membrum* final da segunda estrofe.

A "membrificação" regular e a geometricidade congruente dessa composição poética devem ser consideradas e entendidas no contexto em que se inserem a arte gótica e a escolástica, já comparadas entre si de forma convincente por Erwin Panofsky. Em sua configuração, essa canção tcheca do início do século XV aproxima-se dos preceitos consagrados da "clássica *Summa* com seus três requisitos de (1) totalidade (enumeração suficiente), (2) disposição, segundo uma sistemática das partes e das partes de partes homólogas (articulação suficiente), e (3) distintividade e cogência dedutiva (inter-relação suficiente)". Apesar da imensa diferença que existe entre o tomismo e a ideologia do autor anônimo da *Zisskiana cantio*, formalmente a canção satisfaz inteiramente às condições estabelecidas por São Tomás com relação à arte: "Os sentidos se comprazem em coisas devidamente proporcionadas como em algo que lhes é afim; são, pois, os sentidos uma espécie de razão, como todo poder cognitivo". A tessitura gramatical do coral hussita obedece aos princípios que regiam a composição na pintura tcheca a ele contemporânea. Em sua monografia sobre a pintura da época hussita, Kropáček analisa o estilo do início do século XV, caracterizando-o por uma articulação sistemática e congruente do espaço, por uma subordinação estrita das partes aos objetivos do todo composicional e pelo uso deliberado de contrastes.

O exemplo tcheco nos encoraja a atrever um olhar pelo emaranhamento de correspondências entre as funções da gramática na poesia e as da geometria relacional na pintura. Defrontamo-nos, então, com o problema fenomenológico de um parentesco intrínseco entre os dois fatores e com o rastreamento histórico concreto do desenvolvimento convergente e da interação da arte verbal com a arte representativa. Como, ademais, na busca das linhas diretrizes das tradições e tendências artísticas, a análise da tessitura gramatical vem fornecer-nos pistas importantes, chegamos finalmente a uma questão vital: de que maneira numa obra poética é explorado com um objetivo novo o acervo disponível de procedimentos de mestria artesanal e como são eles reavaliados à luz de suas novas tarefas. À obra-prima da poesia revolucionária hussita, por exemplo, couberam por herança, no opulento legado gótico, os dois tipos de paralelismo gramatical, "a comparação identificadora" e "a comparação diferenciadora", no dizer de Hopkins; cabe-nos investigar de que maneira a combinação dessas duas formas de procedimento notadamente gramatical permitiu ao poeta realizar uma transição efetiva, convincente, coerente, do tom espiritual do início do poema, passando pela argumentação beligerante da segunda estrofe, para as vozes de comando e os gritos de guerra de seu final. Ou, em outras palavras, como a fonte do prazer poético que mana de estruturas verbais devidamente proporcionadas se transforma em energia doutrinária a impelir para a ação direta.

(*Tradução de Cláudia Guimarães de Lemos*)

Referências Bibliográficas

V. Adriânova-Piérietz, *Rúskaia demokratítcheskaia satira XVII v.* (Moscou-Leningrado 1954).

N. Aristov, "Póviest o Fomié i Ieriemié", *Driévniaia i nóvaia Rossia* (1876), N? 4.

A. Astákhova, *Bilíni Siéviera,* II (Moscou-Leningrado 1951).

J. Bentham, *Theory of Fictions,* org. e introdução de C. K. Ogden (Londres 1939).

F. Berry, *Poets' Grammar* (Londres 1958).

P. Bogatiriév, "Improvizátzia i nórmi khudójestvierikh, priomov na matieriale póviestiei XVIII v., nádpissiei na lubótchnikh kartínkakh, skazok i piéssien o Ieriemié i Fomié", *To honor Roman Jakobson,* I (Haia - Paris 1967).

C. Bragdon, *The Beautiful Necessity* (Rochester, Nova York 1910).

Christine Brooke-Rose, *A Grammar of Metaphor* (Londres 1958).

D. Davie, *Articulate Energy: an inquiry into the syntax of English poetry* (Londres 1955).

E. Faral, *Les arts poétiques du XII⁰ et XIII⁰ siècle* (Paris 1958).

F. Fortunatov, *Izbranie Trudi,* I (Moscou 1956).

J. Gonda, *Stylistic Repetition in the Veda* (Amsterdam 1959).

G. M. Hopkins, *Journals and Papers* (Londres 1959).

N. Kharuzin, *Rúskie lopari* (Moscou 1890).

P. Kropáček, *Malírství doby husitské* (Praga 1946).

E. Panofsky, *Gothic Architecture and Scholasticism* (Nova York 1957).

E. Sapir, a) *Language* (Nova York 1921) (Tradução brasileira de J. Mattoso Câmara Jr., aqui utilizada: *A Linguagem* (R. Janeiro 1954)).

E. Sapir, b) *Totality* (Baltimore 1930).

A. Soboliévski, *Vielikorúskie naródnie piésni,* I (São Petersburgo 1895).

R. Spottiswoode, *Film and Its Technique* (Nova York 1951).

I. Stálin, *Marksizm i vopróssi iazikoznánia* (Moscou 1950).

W. Steinitz, *Der Parallelismus in der finnisch-karelischen Volksdichtung* (Helsinque 1934).

V. Vieriessáiv, "Zápissi dliá siebiá", *Nóvi Mir* (1960), N? 1.

G. Wallerand, *Les Oeuvres de Siger de Courtrai* (Louvain 1913).

B. L. Whorf, *Language, Thought and Reality* (Nova York 1956).

A. Zariétzki, "O miestoimiénii", *Rúski iazik v chkólie* (1960), N? 6.

CONFIGURAÇÃO VERBAL SUBLIMINAR EM POESIA

Que le critique d'une part, et que le versificateur d'autre part le veuille ou non.

("Que o crítico, de um lado, e que o versificador, do outro, queiram ou não.")

FERDINAND DE SAUSSURE

Onde quer que eu ponha em discussão a tessitura fonológica e gramatical da poesia e qualquer que seja a língua e a época dos poemas analisados, há uma pergunta que surge sempre entre leitores e ouvintes: Seriam intencionais e premeditadas pelo poeta, em seu trabalho de criação, as configurações [*designs*] desvendadas pela análise lingüística?

Tanto um cálculo de probabilidade quanto um trabalho acurado de comparação de textos poéticos com outras espécies de mensagens verbais demonstram que as peculiaridades marcantes dos processos poéticos de seleção, acumulação, justaposição e distribuição das diversas classes fonológicas e gramaticais não podem ser consideradas acidentes desprezíveis regidos pela lei do acaso. Qualquer composição poética significativa, seja um improviso, seja fruto de longo e árduo trabalho de criação, implica escolha do material verbal, escolha esta orientada num sentido determinado.

É particularmente quando comparamos as variantes de um poema que nos damos conta da relevância que tem para o autor seu arcabouço fonêmico, morfológico e sintático. Ele pode não ter consciência das molas mestras desse mecanismo, e isso ocorre com muita freqüência. Porém, embora incapaz de especificar os procedimentos pertinentes à sua criação, o poeta — e também seu leitor receptivo — percebe espontaneamente a superioridade artística de um texto dotado desses componentes sobre um outro similar, mas privado deles.

Ao poeta é mais habitual abstrair esses padrões verbais, especialmente aquelas regras de versificação que considera compulsórias, ao passo que um procedimento variante, facultativo, não parece levar por si só, tão facilmente, a uma interpretação e definição em separado. É óbvio que uma deliberação consciente pode ocorrer e assumir um papel positivo na criação poética, como acentuou Baudelaire com referência a Edgar Allan Poe. Aqui fica, porém, uma questão em aberto: se, em certos casos, uma latência verbal intuitiva não existe prévia e subjacente a tal consideração consciente.

Assim é que Vielimir Khliébnikov, o grande poeta russo de nosso século, só mais tarde veio a perceber que, no período de quatro versos que inicia e domina todo o seu breve poema "O Grilo", certas consoantes aparecem cinco vezes, sem nenhum conhecimento ou intenção do autor, como ele próprio revelou em ensaio posterior. Contudo, mesmo então, não chegou a perceber que uma série mais ampla de fonemas se repetia regularmente. Com efeito, todas as consoantes e vogais que pertencem ao radical trissilábico do sugestivo neologismo com que se inicia o poema, o vocábulo *krilichkuia* ["aleteando"], apresentam a mesma "estruturação pentaédrica", já que a quadra contém 5 /k/, 5 /r/ incisivos e sustentados *, 5 /i/ em cada um dos dois dísticos, 5/l/, 5 fricativas contínuas e cinco /u/:

> *Krilichkuia zolotopismóm*
> *Tontcháichikh jil,*
> *Kuzniétchik v kuzov puza ulojil*
> *Pribriéjnikh mnogo trav i vier.*

Não é casual nem poeticamente indiferente essa cadeia de quintetos que abrange quase metade dos fonemas existentes nos quatro versos. Tanto o poeta, de início desconhecedor do arcabouço fonêmico subjacente, como seus leitores mais atentos, notaram de imediato a integridade admirável dos versos citados. É digno de nota o fato de Augusto de Campos, sem nenhuma intenção e sem nenhum conhecimento dos comentários de Khliébnikov, ter preservado o padrão de cinco fonemas /l/ na bela tradução que fez deste período:

> *Aleteando com a ourografia*
> *Das veias finíssimas,*
> *O grilo*
> *Enche o gril do ventre-silo*
> *Com muitas gramas e talos da ribeira.***

O folclore oferece-nos exemplos particularmente eloqüentes de uma estrutura verbal riquíssima e altamente eficiente, a qual, porém, não se acha sob o controle do raciocínio abstrato. Mesmo seus componentes obrigatórios, como o número de sílabas num verso silábico, a posição fixa da cesura ou a distribuição regu-

(*) *N. da T.*: Segundo a classificação dos traços distintivos utilizados na estruturação fonêmica das línguas, formulada por Roman Jakobson em colaboração com Morris Halle, são *incisivos* os fonemas que se opõem aos *rasos* por apresentarem em seu espectro um movimento de ascensão das freqüências, correspondendo, do ponto de vista articulatório, a uma dilatação do orifício posterior da cavidade bucal e concomitante palatização. Caracterizam-se como *sustentados*, em oposição aos *rebaixados*, os fonemas que não apresentam redução do orifício anterior da cavidade bucal, isto é, sem arredondamento labial e velarização concomitante, o que corresponde acusticamente ao não-enfraquecimento de alguns de seus componentes de freqüência mais alta. V. Roman Jakobson, *Fonema e Fonologia*, seleção, tradução e notas de J. Mattoso Câmara Jr. (R. Janeiro 1967).

(**) *N. dos O.*: Cf. Augusto de Campos, Haroldo de Campos e Boris Schnaiderman, *Poesia Russa Moderna* (R. Janeiro 1968), p. 70.

lar dos traços prosódicos, não são deduzidos nem reconhecidos *per se* pelo transmissor da tradição oral. Face a duas variantes de um verso, uma das quais foge ao modelo métrico, este narrador ou ouvinte pode classificar a variante irregular como menos adequada ou como inaceitável, mas se mostra incapaz de definir o ponto-chave do desvio.

Alguns exemplares colhidos entre as formas poéticas breves do folclore russo nos apresentam densas figuras de som e de gramática em unidade íntima com um método claramente subliminar de estruturação [*patterning*].

Chlá sviniá iz Pítiera *
vsiá spiná istíkana.

"Um porco vinha de Petersburgo,
as costas todas furadas."

Napiórstok "dedal" é a resposta a esta adivinha popular, a qual nos é insinuada por indícios semânticos evidentes: o objeto em questão vem da metrópole industrial e tem uma superfície áspera e cheia de furinhos como a pele de um porco. Os dois versos heptassílabos estão estreitamente relacionados por uma estrita simetria fonológica: a distribuição dos limites de palavras [*word boundaries*] e dos acentos vocabulares é exatamente a mesma (-|⌣-|⌣-⌣⌣); seis das sete vogais sucessivas são idênticas (/á i á i í.. a/); com exceção do fonema de transição** /j/ em /sv'in'já/, o número de fonemas consonânticos que precedem cada uma das sete vogais é igual nas duas seqüências (2 . 2 . 1 . ≠ . 2 . 1 . 1 .), sendo numerosos os traços fonológicos comuns aos segmentos paralelos (as contínuas /s/ e /v/, dois pares de /s/, dois pares de oclusivas surdas: /p'/ — /t/ e /t'/ — /k/, as soantes /r/ e /n/). Correspondências gramaticais: femininos *chlá* — *vsiá;* substantivos femininos como sujeitos: *sviniá* — *spiná;* preposição e prefixo *iz.* Os grupos conso-

(*) N. dos O.: *Pítier* era a forma popular e pitoresca de *Pietierburg* (Petersburgo).
(**) N. da T.: O termo *fonema de transição* ou *transição* (ingl. *glide*), segundo Mattoso Câmara Jr. (*Dicionário de Filologia e Gramática*, R. Janeiro, s. d.3; pref.: 1968), "designa o fato articulatório de se emitir um som de transição entre dois fonemas em seqüência". Assim, no grupo consonântico pré-vocálico em que a primeira consoante é oclusiva ou constritiva labial surda (*ptose, tmese,* etc.) há um som de transição vocálica entre duas consoantes.

nantais iniciais dos dois sujeitos em aliteração são repetidos no outro verso: /sp'/ em *spiná* e *iz Pítiera* e /sv'/ — /vs'/ em *svin'iá* * e *vsiá*, com uma metátese de consoantes e conservação da ordem "raso-incisivo" (não-palatizado — palatizado) **.

O vocábulo que constitui a resposta é anagramatizado no texto da adivinha. Cada hemistíquio do segundo verso termina com uma sílaba semelhante ao prefixo /na-/ da resposta: /sp'iná/ e /istíkana/. A raiz /p'órst-/ e o último hemistíquio do primeiro verso da adivinha /isp'ít'ira/ apresentam um conjunto equivalente de consoantes em ordem inversa: 1 2 3 4 — 3 1 4 2. O último hemistíquio do primeiro verso /istíkana/ faz eco à seqüência consonantal contida na sílaba final da resposta /-stak/. É evidente que *Pítier*, justamente por seu valor anagramático, foi preferido a outros nomes de cidades também adequadas. Anagramas desse tipo são familiares às adivinhas populares; cf. *tchórni kón* || *prígaet v ogón* "o cavalo preto se atira no fogo": as três sílabas da resposta *kotchergá* "atiçador de fogo" vêm à tona com as alternâncias devidas e automáticas das variantes acentuadas /kó/, /čór/, /gá/ e suas correspondentes não-acentuadas. ***

As adivinhas populares têm uma tessitura gramatical e fonológica densa, que é, em geral, bastante impressiva. Dois trissílabos rimados e paralelos do ponto de vista gramatical e prosódico (-|⌣-) — *kón stalnói*, || *khvost lnianói* "cavalo de aço, rabo de linho" — apresentam cada um três vogais idênticas /ó a ó/ (pelo menos na variedade principal do russo, em que se mantém o /a/ pretônico em formas como /l'n'anój/). Ambos os versos começam com uma velar surda. O intervalo entre as duas vogais acentuadas é preenchido em cada um dos versos por cinco fonemas consonantais idênticos: /n'st. l'n/ (123. 45) — /stl'n'.n/ (2341. 5). Esta última seqüência termina por /n/, enquanto no primeiro verso a série começa com /n'/; mas no segundo verso tanto /n'/ como /n/ estão em posição pré-vocálica. É

(*) N. dos O.: /n'/ indica o *n abrandado* (v., logo a seguir, a oposição /n:/n'/) que, salvo neste caso, não notamos de maneira especial em nossa transliteração.

(**) N. da T.: V. a nota da tradutora à p. 83.

(***) N. dos O.: *Tchor* /čór/ é freqüentemente a correspondente tônica de *tcher*, devido à tendência do *e* russo a transformar-se em *ió* na sílaba tônica.

a única divergência seqüencial que ocorre entre as duas séries. Um traço sintático típico, freqüente nas adivinhas e nos provérbios russos, é a ausência de verbo, ausência esta que anula a diferença entre atributos e predicativos com cópula zero.

Outra adivinha com o mesmo tema e um contraste metafórico semelhante entre o corpo e a cauda do animal apresenta dois pares de dissílabos rimados — *Zvieriók | s vierchók,* || *a khvost | siem viórst* "bichinho de umas duas polegadas e rabo de uns sete quilômetros". Estes quatro segmentos apresentam uma seqüência de /v/ ou /v'/ mais /ó/ ou sua alternante átona e um /r/ pós-vocálico depois de um /v'/ pré-vocálico; quando acentuada, esta série termina com o grupo /st/, enquanto em sílaba não-acentuada começa com uma sibilante contínua: /zv'er/ — /sv'er/ — /vóst/ — /v'órst/.

Em todas essas adivinhas o nome da classe dos inanimados da palavra-resposta é substituído por um nome da classe dos animados de gênero oposto: o masculino *napiórstok* pelo feminino *siniá* e, inversamente, o feminino *iglá* pelo masculino *kón* ou *zvieriók,* e o feminino *nit* pelo masculino *khvost,* sinédoque com relação a ser animado. * Cf., por exemplo, o feminino *grud* "seio' representado por *liébied* "cisne", nome de ser animado do gênero masculino, no início da adivinha — *bieli liébied na bliúde nié bil* "o cisne branco não estava na travessa" — com uma comutação sistemática de /b/ e /l/ incisivos e rasos: /b'.l/ — /l'.b'.d'/ — /n. bl'.d'/ — /n'.b.l./.

Nenhum proponente ou decifrador de adivinhas populares identifica recursos como estes: a presença das três sílabas da resposta nos três vocábulos iniciais da adivinha do atiçador (2 1 3) ou seu metro binário com dois acentos demarcativos em cada verso do dístico, os três /ó/ com três nasais dentais subseqüentes (1 2 4) e a oclusiva velar pré-vocálica dos três vocábulos que concluem a adivinha (2 3 4). Porém, qualquer deles sentiria que a substituição de *tchórni* por *zielióni* só diminuiria o vigor epigramático desta locução poética. Uma similitude de simetrias prosódicas, repetições sonoras e substrato verbal — *les mots sous les mots,* na

(*) N. dos O.: *Iglá* significa "agulha"; *nit,* "fio".

86

expressão feliz de J. Starobinski * — dela transpira, prescindindo do apoio de uma apreensão especulativa dos métodos de procedimento utilizados.

Os provérbios competem com as adivinhas em perícia verbal: *Sieriebró v bórodu, biés v riebró* "Prata (metáfora para cabelos grisalhos, a qual por sua vez é uma metonímia para velhice) na barba, diabo (concupiscência) na costela (uma alusão à conexão bíblica entre a costela de Adão e a criação da mulher)". O adágio todo é uma cadeia paronomástica; cf. as permutações de fonemas em *sieriebró v — biés v riebró,* a consonância dos dois substantivos da primeira oração /bró/ — /bóro/. O conhecido antropólogo polonês K. Moszyński em seu livro *Kultura ludowa Słowian,* II, 2ª parte (Cracóvia 1939), pág. 1384, exprime sua admiração pela "grande condensação formal" do espirituoso provérbio russo:

Tabák da bánia
kabák da baba
odná zabava

"Fumo e casa de banhos,
bar e mulher —
o único divertimento."

(Se, porém, em vez de acentos de intensidade iguais nos dois vocábulos do último verso, um acento mais forte incidir em *odná* ou em *zabáva,* no primeiro caso, o significado seria "é o mesmo divertimento" e, no segundo, "nada mais que divertimento".) **

Uma rigorosa coesão de todos os elementos do terceto é obtida através de vários meios. Seu padrão rítmico sempre uniforme, 3. (⌣-|⌣-⌣), compreende, permeando o texto, quinze /a/ alternadamente acentuados e não-acentuados (note-se o vocalismo do russo meridional /adná/!). O início dos três versos difere de todas as sílabas que se lhe seguem: o último verso começa com uma vogal, ao passo que as outras 14 vogais do terceto são precedidas de consoante. Os dois

---

(*) *N. dos O.:* Referência ao trabalho de Starobinski "Les mots sous les mots: textes inédits des cahiers d'anagrammes de Ferdinand de Saussure", *To honor Roman Jakobson,* III (Haia - Paris 1967), pp. 1906-1917. Do mesmo trabalho foi extraída a epígrafe do presente ensaio.

(**) *N. dos O.:* Esta possibilidade de variar o acento numa oração e modificar-lhe o sentido é um processo ocorrente no russo e denomina-se "entoação lógica".

versos anteriores começam com consoantes surdas que se distinguem como os dois únicos segmentos não-sonoros [*unvoiced*] dentre os trinta e dois fonemas do provérbio (notar a sonorização regular do /k/ antes de /d/!). As duas únicas contínuas das 17 consoantes ocorrem em sílabas não-acentuadas do último vocábulo, que é um nome em função predicativa. O restrito repertório gramatical deste provérbio — que se limita a cinco nomes e um pronome, os seis no nominativo, mais uma conjunção que se repete — é um exemplo representativo do elaborado estilo sintático próprio dos provérbios e delienado no trabalho de P. Glagoliévski, "Sintáksis iaziká rúskikh poslóvitz", *Jurnal Min. Nar. Prosv.* (1871), mas, desde então, nunca mais investigado. O verso central apresenta dois nomes culminantes — primeiro *kabák*, um palíndromo intrínseco, e depois *baba*, com a sílaba /bá/ repetida; *kabák* rima com o antecedente *tabák*, enquanto *baba* constitui rima aproximada com o vocábulo final *zabáva* e partilha seu /bá/ com todos os substantivos do provérbio. Repetições e pequenas variações das outras consoantes acompanhadas da mesma vogal sucedem-se pelo terceto inteiro:

₁/ta/ — /da/ — ₂/da/ — ₃/ad/ — /za/, ₁/ak/ — ₂/ka/ — /ák/ e ₁/n'a/ — ₃/ná/.

Todos estes traços repetitivos e onipresentes estabelecem vínculos entre os quatro prazeres mencionados no provérbio e enquadram a disposição em quiasmo dos seus dois pares: *tabák* e *baba*, instrumentos de prazer justapostos a lugares de diversão, *kabák* e *bánia*. O caráter metonímico desses nomes, que substituem a designação direta dos prazeres, é realçado pela contiguidade contrastante, intralinear, dos termos locacionais e instrumentais, a qual é, ademais, sublinhada pela oposição de masculinos oxítonos e femininos paroxítonos.

Embora se distingam dos provérbios pelos procedimentos escolhidos, as canções folclóricas revelam, contudo, uma estrutura verbal sutil e múltipla. Duas quadras de uma canção polonesa que pertence ao folclore aldeão, servirão como exemplo adequado:

*Ty pójdziesz górą
a ja doliną,*

*ty zakwitniesz różą
a ja kaliną.*

*Ty będziesz panią
we świetnym dworze,
a ja zakonnikiem
w ciemnym klasztorze.*

"Tu irás pela montanha
e eu pelo vale,
tu desabrocharás como uma rosa
e eu como a flor do noveleiro.

Tu serás uma dama
numa corte esplêndida,
e eu um monge
num mosteiro sombrio."

Com exceção do terceiro — que é o verso de seis sílabas da quadra — os demais tem cinco sílabas e os versos pares rimam entre si. Cada verso termina com um substatantivo num caso marginal — instrumental ou locativo, constituindo os únicos substantivos do texto. Três pronomes são da segunda pessoa e três, da primeira. Ocorrem todos no nominativo e aparecem no princípio do verso: *ty* "tu", na primeira sílaba dos versos ímpares *1-3-5*, ao passo que *ja* "eu" é regularmente precedido da conjunção adversativa *a* e ocupa a segunda sílaba dos versos *2-4-7*. Os verbos apresentam-se apenas na segunda pessoa do singular do presente perfectivo com um significado de futuro: seguem-se ao pronome *ty,* com o qual estão indissoluvelmente ligados. Além dos oito substantivos (6 no instrumental e 2 no locativo), 6 pronomes pessoais no nominativo, 3 verbos e 3 conjunções, o texto contém duas preposições (*w, we* "em") e dois atributos adjetivos referentes às duas formas locativas de substantivos.

Um paralelismo antitético é subjacente aos três pares de orações: os versos *1-2* e os versos *3-4* da primeira quadra e os dois dísticos da segunda quadra. Estes três pares acham-se, por sua vez, ligados por um rígido paralelismo, tanto semântico quanto formal. As três antíteses põem em confronto as perspectivas mais elevadas e mais brilhantes da destinatária com as expectativas pessoais mais sombrias do emissor, sendo empregadas, em primeiro lugar, uma oposição simbólica entre montanha e vale, depois um contraste metafórico entre a rosa e o noveleiro. Nas imagens tradicionais do folclore eslavo ocidental, *kalina* (nome que se origina do eslavo comum *kalu* "lama") se liga explicitamente a terreno pantanoso; cf. os preâmbulos de uma canção folclórica polonesa: *Czego, kalino, v dole stoisz? ||Czy ty sie letniej suszy boisz?* "Por que é que tu, noveleiro, ficas no vale? Tens medo da seca do verão?" A canção da Morávia, que é cognata desta, suplementa o mesmo tema com ricas figuras de som: *Proč, kalino, v struze stojíš? snad se tuze sucha bojíš?* "Por que é que tu, noveleiro, ficas na correnteza? Tens medo tão grande da seca?" A terceira antítese prevê altas dignidades para a destinatária e um futuro sombrio para o emissor; ao mesmo tempo, o sexo das personagens é apresentado por nomes do gênero masculino e feminino. O caso instrumental, usado consistentemente em oposição aos nominativos invariáveis *ty* e *ja,* apresenta esta série de nomes contrastados como se fossem meras contingências, que separarão as duas tristes vítimas do destino até o diálogo póstumo sobre seu "amor desunido" (*niezłaczona miłość*), repousando num túmulo unido.

Os três pares de orações antitéticas, com seus instrumentais finais, constituem em sua totalidade um paralelismo triédrico de construções gramaticais amplas e complexas; e do conjunto de seus constituintes congruentes, destaca-se a dissimilaridade funcional dos três instrumentais emparelhados. No primeiro par, os chamados instrumentais de intinerário — *górą* e *doliną* — assumem a função de adjuntos adverbiais; no segundo par, os instrumentais de comparação —*różą* e *kaliną* — atuam como predicativos acessórios, enquanto na segunda quadra os instrumentais *panią* e *zakonnikiem,* em combinações com o verbo de ligação *będziesz* e o vocábulo elíptico *będę,* constituem partes efetivas do predicado. A importância deste caso aumenta gradualmente na canção; passa de dois níveis de peregrinação metafórica, através de uma figura de comparação, em que os dois personagens são comparados a duas flores de qualidades e altura desiguais, à colocação factual dos dois heróis em dois degraus afastados na escala social! O instrumental, porém, nas três diferentes aplicações, preserva sua característica semântica de pura marginalidade e torna-se particularmente palpável quando em contraste com as variações contextuais mencionadas. O ambiente pelo qual se move o agente é definido como o instrumental de itinerário; o instrumental de comparação restringe a validade do símile a uma única apresentação dos sujeitos, a saber, o seu desabrochar no contexto citado. Finalmente, o instrumental predicativo diz respeito a um único aspecto, supostamente temporal, assumido pelo sujeito; antecipa a possibilidade de uma ulterior modificação (aqui, porém, mera mudança *post-mortem* que irá reunir os amantes separados). Quando o último par de instrumentais priva este caso de qualquer conotação adverbial, os dois dísticos da segunda estrofe fornecem ao predicado composto um novo adjunto adverbial, a saber, os dois locativos estáticos indicativos de lugar de habitação — *w świetnym dworze* e *w ciemnym klasztorze* — que se acham em evidente contraste com os instrumentais dinâmicos de itinerário evocados no dístico inicial.

A interconexão íntima entre os dois primeiros dos três paralelismos é marcada pela assonância suplementar dos versos *1* e *3*, fiel ao padrão polonês tradicional de rimas toantes (*górą — różą*), ao passo que os dois últimos paralelismos são iniciados e terminados com grupos correspondentes de fonemas: ₃zakwitniesz - ₅zakonnikiem e com uma metátese: ₄kaliną -₆klasztorze.

Os versos dedicados ao trágico destino da primeira pessoa diferem ostensivamente de suas alegres contrapartes. A sílaba acentuada dos instrumentais apresenta uma vogal posterior (₁, ₃ /u/, ₅/a/) nos versos referentes à destinatária, mas somente /i/ nos versos que tratam do aparentemente aviltado e diminuído emissor: *doliną, kaliną, zakonnikiem*. Os quatro nomes atribuídos à moça são dissilábicos — *górą, różą, panią, dworze*, em contraste com os nomes mais extensos e volumosos dos versos autobiográficos: *doliną, kaliną, zakonnikiem, klasztorze*. Assim sendo, os versos da segunda pessoa apresentam uma cesura antes da penúltima sílaba, que não aparece nos versos da primeira.

A fonologia e a gramática da poesia oral oferecem um sistema de correspondências complexas e elaboradas que são criadas, efetivadas e manejadas através de gerações, sem qualquer conhecimento das regras que governam sua intrincada tessitura. O reconhecimento imediato e espontâneo dos efeitos, sem a dedução racional dos procedimentos pelos quais são obtidos, não sucede apenas na tradição oral e a seus transmissores. A intuição pode atuar como principal ou, ocasionalmente, única responsável pela arquitetura das complicadas estruturas fonológicas e gramaticais na obra dos poetas individuais. Tais estruturas, poderosas particularmente em nível subliminar, podem funcionar sem qualquer espécie de assistência da reflexão lógica e da apreensão manifesta, tanto no trabalho de criação do poeta quanto na sua percepção pelo leitor sensível (*Autorenleser*, na expressão adequada de Edward Sievers).

(*Tradução de Cláudia Guimarães de Lemos*)

OS OXÍMOROS DIALÉTICOS DE FERNANDO PESSOA

em colaboração com Luciana Stegagno Picchio

I

No tempo em que festejavam o dia dos meus anos,
Eu era feliz e ninguém estava morto.[1]

(1) Ver Fernando Pessoa, *Obra Poética* organização de Maria Aliete Galhoz (Rio de Janeiro 1960) *N. do T.*: Para a presente tradução brasileira, a indicação das páginas será feita pela 2.ª edição, de 1965, p. 379

Desde a data de sua morte, 30 de novembro de 1935, tem-se cada vez mais recordado o aniversário de Fernando Pessoa. Se ele morreu praticamente inédito e desconhecido mesmo em sua pátria, hoje a lembrança da octogésima passagem do dia de seu nascimento ultrapassa largamente as fronteiras dos países de língua portuguesa.

É imperioso incluir o nome de Fernando Pessoa no rol dos artistas mundiais nascidos no curso dos anos oitenta: Picasso, Joyce, Braque, Stravinski, Khliébnikov, Le Corbusier. Todos os traços típicos dessa grande equipe encontram-se condensados no grande poeta português: "A extraordinária capacidade desses descobridores em sempre e sempre superarem os hábitos já envelhecidos da véspera, juntamente com um dom sem precedentes de apreenderem e remodelarem cada tradição anterior e cada modelo estrangeiro, está intimamente ligada a um singular sentimento da tensão dialética entre as partes e o todo unificador e entre as partes conjugadas entre si, especialmente entre os dois aspectos de qualquer signo artístico — o seu *signans* e o seu *signatum*."[2]

Pessoa deve ser colocado entre os grandes poetas da "estruturação": estes, na opinião dele próprio, "são mais complexos naquilo que exprimem, porque exprimem construindo, arquiteturando, e estruturando", e um tal critério os situa adiante dos autores "privados das qualidades que fazem a complexidade construtiva"[3].

A obra do escritor português é uma arte "essencialmente dramática", cuja complexidade se acha submetida a uma estruturação integral.[4] As supostas in-

(2) Ver R. Jakobson, *Selected Writings*, I (Haia 1962), p. 632. *N. do T.*: Ver "Retrospecto", *Fonema e Fonologia*, tradução brasileira de J. Mattoso Câmara Jr. (Rio de Janeiro 1967), p. 148.
(3) Carta a Francisco Costa, 10 de agosto de 1925, in: Armand Guibert, *Fernando Pessoa* (Paris 1960), p. 212 sq. — É um conceito que recorre freqüentemente nas meditações estéticas de Pessoa. Num ms. de 1925 lemos que uma obra vive em razão de sua construção — "Uma obra sobrevive em razão de sua construção, porque, sendo a construção o sumo resultado da vontade e da inteligência, apóia-se nas duas faculdades cujos princípios são de todas as épocas, que sentem e querem da mesma maneira embora *sintam* de diferentes modos": *Páginas de Estética e de Teoria e Crítica Literárias* (Lisboa 1966), p. 32. Cp. L. Stegagno Picchio, "Pessoa, uno e quattro", *Strumenti critici*, I (1967), pp. 379 e 386. *N. do T.*: A carta a Francisco Costa é citada segundo a versão francesa; Guibert, conforme nota à p. 217 de seu livro, pôde consultar documentos em poder de várias pessoas, entre as quais F. Costa, o destinatário da carta em questão.
(4) "O ponto central da minha personalidade como artista é que sou um poeta dramático; tenho continuamente, em tudo quanto escrevo, a exaltação íntima do poeta e a despersonalização do dramaturgo": *Páginas de Doutrina Estética* (Lisboa 1946), p. 226 sq.

coerências e contradições nos escritos poéticos e teóricos de Pessoa refletem em realidade o "diálogo interno" do autor,[5] que ele mesmo busca transformar numa complementaridade dialética dos três poetas imaginários, Alberto Caeiro e seus discípulos Ricardo Reis e Álvaro de Campos. Estes três poetas — as "três hipóstases", como as designa Armand Guibert, tradutor e comentador experto dos textos de Pessoa — nasceram na imaginação do escritor português, que dotou a cada um deles de uma biografia particular e de um ciclo de poemas muito pessoais tanto nas suas tendências artísticas como na sua filosofia. Dentre essas três figuras míticas, Ricardo Reis e Álvaro de Campos, dois poetas antípodas, parecem ao mesmo tempo abraçar e rejeitar a arte poética de seu mestre, Alberto Caeiro, e os três juntos liberam seu autor — "demasiado multilateral", segundo sua profissão de fé — da tutela exercida pelo seu próprio passado literário.[6] Os três ciclos em questão ocupam um lugar vasto e importante no conjunto dos escritos de pessoa. Alguns meses antes de sua morte, o poeta, numa carta a Adolfo Casais Monteiro, revelou a arquitetônica desse drama em três personagens, e passamos agora a citar o que Guibert chama um dos mais impressionantes documentos de todas as literaturas:[7] "Criei, então, uma *coterie* inexistente. Fixei aquilo tudo em moldes de realidade. Graduei as influências, conheci as amizades, ouvi dentro de mim as discussões e as divergências de critérios, e em tudo isto me parece que fui eu, criador de tudo, o menos que ali houve." Guibert insiste com justa razão na impossibilidade "de levantar dúvidas quanto ao tom de segurança e autenticidade dum tal testemunho". O relato do poeta deve na verdade ser tomado ao pé da letra: "Aparecido Alberto Caeiro, tratei logo de lhe descobrir — instintiva e subconscientemente — uns discípulos. Arranquei do seu falso paganismo o Ricardo

(5) Cp. Ch. S. Peirce, *Collected Papers*, IV (Cambridge, Mass. 1965³), § 6.
(6) Carta a Armando Côrtes-Rodrigues, *Páginas de Doutrina Estética*, p. 26 sq. Ver *Obra Poética*: Poemas completos de Alberto Caeiro (pp. 197-246); Odes de Ricardo Reis (pp. 253-296); Poesias de Álvaro de Campos (pp. 301-423). Cp. as observações de Pessoa sobre os aspectos comuns e diferentes e sobre as oposições e *controvérsias* entre os três heterônimos: *Páginas Íntimas e de Auto-Interpretação* (Liboa 1966), Caps. VI-VIII.
(7) Guibert, p. 26 sq.; "Carta sobre a gênese dos heterônimos", *Páginas de Doutrina...*, p. 264 sq. — *Pessoas independentes de ti*, dirá Pessoa jogando com o duplo sentido do nome ao mesmo tempo próprio e comum (*Obra Poética*, p. 387).

Reis latente, descobri-lhe o nome, e ajustei-o a si mesmo, porque nessa altura já o *via.*" — A assinatura do mestre *Ca* — *eir* — *o* entra, com duas metáteses (*ir* — *ri* e *eir* — *rei*), no nome e no sobrenome "ajustados" para designar o discípulo R*icardo Rei*s, e dentre as onze letras desse achado onomástico, nove (isto é, todas exceto a consoante final dos dois temas) reproduzem as de CAEIRO. Ademais, a primeira sílaba desse sobrenome e o fim do nome, Al*berto Ca*eiro, se refletem, com uma metátese, no nome do discípulo R*icardo*. "E, de repente, — continua o poeta — e em derivação oposta à de Ricardo Reis, surgiu-me impetuosamente um novo indivíduo. Num jacto, e à máquina de escrever, sem interrupção nem emenda, surgiu a *Ode Triunfal* de Álvaro de Campos — a Ode com esse nome e o homem com o nome que tem." — No nível antroponímico, esta "derivação" dá aos dois nomes, *Al*berto e *Ál*varo, assim como aos dois sobrenomes, *Ca*eiro e *Ca*mpos, o mesmo par de letras iniciais, enquanto que o nome do discípulo, Álva*ro,* termina pela mesma sílaba do sobrenome do mestre, Caei*ro*.

Esta carta de 13 de janeiro de 1935 foi escrita em seguida à publicação de *Mensagem* (dezembro de 1934), o único livro português de Pessoa que ele viu editado. A história dos três artistas imaginários que fazem de seu criador "o menos que ali houve" corresponde de perto ao poema "Ulisses", que proclama o primado e a vitalidade do mito em relação à realidade. Em *Mensagem* esta peça de quinze versos canta Ulisses como o fundador fabuloso de Lisboa e da nação portuguesa e exalta o caráter puramente imaginário de seus feitos; inaugura assim, apesar desta superposição do mito à vida real, a História heróica de Portugal, devendo-se notar que ela é seguida de numerosos poemas que glorificam os homens mais famosos da nação ao longo dos séculos.

Eis o texto deste poema, o primeiro do ciclo heráldico "Os castelos": [8]

---

(8) *Obra Poética*, p. 72. Em nossa análise do texto a ortografia das citações foi modernizada. *N. do T.*: Na transcrição do texto do poema analisado o critério adotado pelos autores foi o de M. A. Galhoz, que respeitou a ortografia original da publicação feita em vida do poeta; ver *Obra Poética*, p. 70, primeira nota de rodapé.

ULYSSES

*O mytho é o nada que é tudo.
O mesmo sol que abre os céus
É um mytho brilhante e mudo —
O corpo morto de Deus,
Vivo e desnudo.*

*Este, que aqui aportou,
Foi por não ser existindo.
Sem existir nos bastou.
Por não ter vindo foi vindo
E nos creou.*

*Assim a lenda se escorre
A entrar na realidade,
E a fecundal-a decorre.
Em baixo, a vida, metade
De nada, morre.*

Tradução literal na medida do possível: *

ULYSSE

Le mythe est le rien qui est tout.
Le même soleil qui ouvre les cieux
Est un mythe radieux et muet —
Le corps mort de Dieu,
Vivant et dénudé.

Celui-ci, qui débarqua ici,
Fut puisqu'il n'a jamais existé.
Sans avoir existé il nous combla.
Puisqu'il n'est arrivé, toujours il fut l'arrivant.
Et nous créa.

Ainsi la légende jaillit
En entrant dans la réalité,
Et en la fécondant elle s'écoule.
En bas, la vie, moitié
De rien, meurt.

(*) *N. do T.*: Seguindo instruções de Roman Jakobson, mantivemos aqui a tradução literal para o francês constante do original, uma vez que nela já está implícita uma leitura interpretativa do poema, útil para a compreensão do que se vai seguir.

II

Cada um dos três pentásticos do poema contém duas rimas diferentes, uma das quais unifica as cláusulas dos três versos ímpares, e a outra as dos dois versos pares da estrofe. A cláusula engloba as duas últimas vogais do verso, das quais a primeira é acentuada. Todas as consoantes subseqüentes em relação a cada uma dessas duas vogais rimam, segundo a norma tradicional. No caso da ausência das consoantes entre as duas vogais, a segunda vogal é assilábica: I.2. *céus* — 4. *Deus,* II.1. *aportou* — 3. *bastou* — 5. *criou.* Como segunda vogal na rima todos os cinco versos no interior de cada estrofe empregam o mesmo fonema em suas variantes tanto silábicas como assilábicas. Se a cláusula é destituída de consoantes — intervocálicas ou finais — e o fonema acentuado é precedido duma consoante, esta participa da rima. A primeira vogal das rimas é arredondada (bemolizada) nos versos ímpares de todas as estrofes, não-arredondada nos versos pares.

Do princípio à cláusula, o último verso de cada estrofe conta três sílabas e todos os outros versos seis. Cada estrofe compreende assim quatro versos completos seguidos de um verso truncado. No limite de duas palavras de um mesmo verso, toda união de duas vogais das quais pelo menos a primeira é inacentuada sofre uma sinalefa, isto é, se contrai numa só sílaba por elisão ou ainda por fusão em ditongo. Esta regra tradicional reduz ao mínimo a presença de vogais iniciais não precedidas de uma consoante no interior do verso e a raridade delas torna particularmente saliente a aparição de iniciais vocálicas no começo do verso, necessariamente precedido de uma pausa métrica, qualquer que seja o tratamento dessa pausa nos diversos estilos de recitação. A distribuição das iniciais vocálicas (V) e consonantais (C) segue um desenho nítido e regular:

	I	II	III
1.	V	V	V
2.	V	C	V
3.	V	C	V
4.	V	C	V
5.	C	V	C

Note-se o paralelismo rigoroso das duas estrofes marginais, o tratamento idêntico do início de todas as estrofes (V V V) e a repartição anti-simétrica das vogais e consoantes iniciais do quinto verso das três estrofes (C V C), em relação aos versos 2. a 4. (V C V). As iniciais consonantais dos versos são surdas na estrofe central, sonoras nas outras duas estrofes.

O contraste entre a estrofe central e as duas estrofes marginais similares se manifesta igualmente na divisão sintática de cada um dos três pentásticos. A estrofe central se divide em três frases: o verso mediano dessa estrofe e de todo o poema, II. 3. *Sem existir nos bastou*, forma ele mesmo uma frase e se acha enquadrado por duas frases de dois versos. Cada uma das duas estrofes marginais se compõe de duas frases das quais a externa é mais breve que a interna. O segundo verso do poema partilha com o penúltimo a ausência de pausa sintática no fim da cláusula: I. 2. *O mesmo sol que abre os céus* / 3. *É um mito...*; III. 4. *Embaixo, a vida, metade* / 5. *De nada, morre*. Esta simetria provoca uma diferença no comprimento relativo das duas frases no interior dessas estrofes: na primeira, a frase breve contém um só verso (1.) e a longa quatro (2.—5.), e a relação análoga na terceira estrofe opõe uma frase de três versos iniciais (1.—3.) à frase dos dois versos subseqüentes (4.—5.).

III

O oxímoro é a figura que atravessa o poema de ponta a ponta, e esta aliança de vocábulos apresenta duas variedades distintas: uma palavra é unida ao termo contraditório ou então ao termo contrário. A repartição desses processos no texto de "Ulisses" é estritamente simétrica.

A particularidade da inicial nos três versos internos do segundo pentástico, em relação aos versos correspondentes das duas outras estrofes e aos dois versos externos do mesmo pentástico, encontra uma analogia evidente na distribuição dos oxímoros. O terceiro verso do pentástico central, ou seja, o verso mediano do poema, e os dois versos adjacentes são os únicos que aproximam dois termos verbais: uma estrutura positiva sobreordenada sob forma de um verbo no pretérito é oposta a uma estrutura negativa subordinada, isto é, a um infinito munido de preposição: preposição privativa por si mesma — *sem* no verso mediano (II.3.) ou então seguida de um prevérbio negativo — *por não* nos dois versos adjacentes (II.2., 4.). O verso mediano comporta um matiz ligeiramente concessivo: "embora ele não tenha existido", enquanto que os dois versos contíguos formam proposições nitidamente causais: "por não ser", "por não ter vindo".

Quanto às significações lexicais dos verbos confrontados, o poeta proclama a nulidade da existência fenomenal em favor do ser numenal: II. 2. *Foi por não ser existindo;* logo *foi,* o pretérito do verbo *ser,* é superposto a *ser existindo,* construção que reduz o mesmo verbo *ser* à posição duma cópula submetida a seu atributo, o gerúndio de matiz durativo *existindo,* podendo-se quase traduzir: "être vivotant". Seria possível dizer, com Bachelard, que "tudo não é real da mesma maneira" e *"a existência não é uma função monótona"*[9]. A passagem do negativo ao positivo é reforçada no verso subseqüente pela introdução de um verbo concreto e totalizante — 3. *bastou* — e finalmente pela oposição das duas formas nominais, homônimas, do verbo *vir*: o mesmo significante *vindo* serve ao particípio passado e ao gerúndio: *ter vindo,* infinito do passado composto, e *foi vindo,* combinação da cópula no pretérito com o gerúndio. A conotação de uma permanência mítica vem se superpor ao desmentido empírico de um evento passageiro de outrora. Mantendo as componentes gramaticais do verso 2., o verso 4. (*foi — foi, por não ser — por não ter, (ser) existindo — (foi) vindo*) inverte-lhes a ordem e acentua a passagem do negativo ao positivo, dando ao primeiro a posição de prótase e ao segundo a de apódose.

O herói da estrofe central, Ulisses, — cujo desembarque lendário na embocadura do Tejo se deve

---

(9) G. Bachelard, *La philosophie du non* (Paris, 1954[4]), p. 54. Cp. F. Pessoa, *Textos Filosóficos,* I (Lisboa 1968), p. 154: "Vimos que todas as coisas se dividem, por assim dizer, em noumena e phainoumena". *N. do T.*: Pessoa parece estabelecer uma "falsa etimologia", poética, paronomástica, entre *noumena* e *phainomena,* que ele escreve *phainoumena*".

apenas a um vínculo paronomástico entre seu nome e *Lis*boa, e cuja existência tem, ela mesma, um caráter mítico, — dera-se a si próprio segundo a *Odisséia* o nome de Ninguém (Οὖτις ἐμοί γ' ὄνομα). Nos versos de Pessoa ele é designado apenas por uma remissão anafórica (II.1. *Este*) ao título do poema. O triplo oxímoro do pentástico em mira culmina na apoteose do poder paterno atribuído a essa personagem fisicamente ausente e não-existente: II.5. *E nos criou*.

O verso mediano do poema concretiza e transpõe em termos verbais o oxímoro nominal do verso inicial: o herói não tendo existido e assim não sendo mais do que um *nada* no nível histórico, nos bastou completamente e foi portanto um *tudo* no nível sobrenatural. Em geral os três versos centrais com suas alianças de termos contraditórios entram em correspondência com as duas extremidades do poema, o primeiro e o último verso. Estes versos centrais e marginais são os únicos a utilizar o negativo e a confrontá-lo com um termo positivo, mas os tipos de negação diferem. A "negação nuclear", utilizando um substantivo negativo — *nada* —, caracteriza os dois versos extremos do "Ulisses", enquanto que os versos centrais recorrem à "negação conexional", que mune o verbo de um marcante caráter subtrativo.[10]

O oxímoro do verso liminar — I.1. *o nada que é tudo* — subordina formalmente o termo positivo ao termo negativo, mas, ao contrário, do ponto de vista semântico, é a totalidade positiva que se sobrepõe à totalidade negativa. No ultimo verso do poema o mesmo substantivo *nada* termina o sitagma — III.4. *metode 5. De nada* — onde o termo fracionário, *metade*, implicando o conceito de um todo positivo, contradiz o todo negativo *de nada* e dá ao aposto o sentido de uma hipérbole fantasiosa e sombria. Um desnível idêntico entre a hierarquia formal e a semântica (a superposição semântica do determinante ao determinado) se manifesta em cada uma das duas extremidades do poema, mas por outro lado a frase final inverte a ordem interna de todos os oxímoros anteriores impondo a passagem do positivo ao negativo. Quanto à sucessão dos termos na seqüência, a do princípio

---

(10) Cp. L. Tesnière, *Éléments de syntaxe structurale* (Paris 1959), Cap. 87 sq.

corresponde à ordem do verso II.4. (negativo ⟶ positivo), enquanto que o verso II.2. e o fim do poema apresentam a ordem oposta (positivo ⟶ negativo).

O confronto dos oxímoros — bem como de suas componentes nas duas extremidades do poema, de um lado, e nos dois versos adjacentes ao verso mediano, do outro — põe em relevo uma simetria em espelho. Ora as duas estrofes marginais comportam dois outros oxímoros, estes baseados na aliança dos contrários e ligados ambos ao último par de versos no pentástico, seguindo o princípio da simetria direta. Diga-se de passagem, o mesmo par de versos encerra nas duas estrofes marginais uma aposição complexa. Mas quanto à sucessão dos dois termos no interior da figura e à sua hierarquia semântica, estes dois oxímoros seguem por seu turno o princípio de simetria em espelho. Ambos põem em jogo os mesmos contrários: a vida e a morte.[11]

Assim, *o corpo morto de Deus* — I.4. — é declarado *vivo* — I.5. — por meio de um segundo epíteto, desta vez separado do nome determinado. É um exemplo do mito onipotente, o levantar do sol abrindo os céus, que, conforme a simbólica eclesiástica, se une à imagem da ressurreição. De outro lado, no fim da última estrofe, a *vida* — III.4. — recebe o predicado *morre* — III.5. A sucessão verbal *morto—vivo,* associada com o mito celeste da passagem da morte à vida, é suplantada pela ordem inversa *vida—morre* e o motivo terrestre (III.4. *Embaixo*) do triunfo da morte sobre a vida. O traço característico de todo o poema é uma tensão entre a negação e a afirmação, e os contrários se transformam em termos contraditórios — a vida persistente e aniquilada — e os termos negativos dos dois oxímoros enlaçados — *nada* e *morre* — se juntam para concluir o verso final do poema. Assim, o *nada* [*néant*], que se opõe ao ser metafísico, vem se substituir ao *nada* [*rien*] enquanto carência de

(11) Este tipo de oxímoro remonta à tradição medieval; assim, encontram-se em Gottfried von Strassburg numerosos exemplos como *sus lebet ir leben, sus lebet ir tot, sus lebent sie noch und sint doch tot, und ist ir tot der lebenden brot.* — Ver H. Scharschuch, *Germanische Studien,* CXCVII (Berlim 1938), p. 19 sqq. Cp.: "A vida não concorda consigo própria porque morre. O paradoxo é a fórmula típica da natureza. Por isso toda a verdade tem uma forma paradoxal": F. Pessoa, *Páginas Íntimas...,* p. 218.

existência física evocada na definição do mito no início do poema.

Nos oxímoros do autor os sinônimos usuais se transformam em antônimos, mas mesmo a suposta identidade de som e de sentido entre os elementos lexicais dos oxímoros correspondentes acaba por revelar-se equívoca, de acordo com a arte de Pessoa que busca o duplo sentido nos vocábulos correntes e os converte em pares de homônimos. Assim, por exemplo: "Sim, ser vadio e pedinte, como eu sou, / Não é ser vadio e pedinte, o que é corrente" etc. [12] Ou, em outros termos: as palavras aparentemente semelhantes ou quase-sinônimas diferem em suas significações porque deitam raízes em idiomas diversos embora entremeados em nosso emprego. De fato os oxímoros de Pessoa confrontam e delimitam estes dialetos funcionais e as concepções irreconciliáveis que eles refletem.

Nas três estrofes do poema a disposição dos sete oxímoros (2+3+2) que se desenham sobre o fundo das sete linhas desprovidas dessa figura (2+2+3) forma um conjunto fixo e proporcionado:

I *II* *III*

1. Inicial (A^1)
2.   Prepositivo (C^1)
3.   Central (D)
4. ⎱ Terminal do   Pospositivo (C^2) ⎱ Terminal do epílogo
5. ⎰ prólogo (B^1)   ⎰ (B^2) e final (A^2)

IV

As três estrofes estão ligadas por uma cadeia de correspondências fônicas que acentuam e entrelaçam os oxímoros do poema. Assim, o verso liminar *O mito é o nada que é tudo* encontra sua réplica nos fonemas, sobretudo consonantais, do aposto final — III. 4. me*tade* 5. *de* nada. Aos seis /m/ dos primeiros quatro versos (I.1. *m*ito — 2. *m*es*m*o — 3. *m*ito — *m*udo — 4. *m*orto) correspondem os dois /m/ da frase final (III.4. *m*etade — 5. *m*orre), separados do quarteto inicial por nove versos desprovidos desse fonema. O fim das duas estrofes marginais varia a ordem duma sucessão similar de fonemas: I.4. ...*m*orto de *D*eus,

(12) *Obra Poética*, p. 414.

5. Vivo e desnudo — III.4. ...vida, metade 5. De nada. A mesma figura saliente, conhecida sob a etiqueta *Dorica castra*,[13] aparece nas duas passagens: I.4. de Deus e III.4. metade 5. De nada (com as diversas variantes do mesmo fonema /e/ e do mesmo fonema /d/).

A fatura fônica de toda a terceira estrofe prepara a seqüência do verso final DE NADA — cujo anagrama se pode entrever na forma III.2. na *reali*dade e na repetição das sílabas *de* e *da*, esta precedida no mais das vezes de um /n/: 1. lenda — 3. fecunda — decorre — 4. vida — metade.

A combinação de uma oclusiva labial e de um /r/ se reitera com variações nos três versos internos da primeira estrofe: 2. abre — 3. brilhante — 4. corpo; este nome e seu epíteto assonante — *corpo morto* — dão a impressão de se cruzar no primeiro verbo da estrofe central — 1. aportou — que participa de ambos na sua textura fônica e cuja sílaba medial reaparece duas vezes nos oxímoros desta estrofe: 2. por — 4. por. Um grupo de consoantes três vezes reiterado liga os dois primeiros oxímoros da mesma estrofe: 2. existindo — 3. existir — bastou; enfim, para terminar a lista de tríplices consonâncias, note-se que o segundo termo do último oxímoro da primeira estrofe — 5. vivo — partilha sua sílaba acentuada com as do último oxímoro da segunda estrofe: 4. *Por não ter vindo foi vindo*. A frase continua — 5. *E nos criou* — e a conclusão que dela tira o início da terceira estrofe, *Assim a lenda se escorre*, se apóia também na sua textura fônica sobre esta frase contígua: II.4. vindo 5. *E nos* creou * — III.1. *Assim a lenda se* escorre.

V

Os processos analisados caracterizam "Ulisses" enquanto estrutura fechada com uma relação ordenada entre o centro e as partes marginais do poema e as similaridades manifestas entre os constituintes marginais.

(13) Cp. R. Godel, "Dorica castra: sur une figure sonore de la poésie latine", *To honor Roman Jakobson*, I (Haia-Paris 1967), p. 761 sqq.

(*) N. do T.: Deixamos de atualizar aqui a grafia de *creou* para melhor ressaltar a textura fônica sob análise. Neste passo, os autores mantiveram a grafia antiga da forma verbal, tal como ocorre no original do poema de início transcrito.

Ora já os oxímoros examinados e em particular os fenômenos de simetria em espelho na sua repartição indicam uma diferença significativa entre os oxímoros da primeira estrofe e os da terceira, especialmente a passagem do negativo ao positivo no início e do positivo ao negativo no fim do poema.

De fato, os fenômenos de equilíbrio entre as três estrofes outra coisa não fazem senão pôr em relevo os traços particulares de cada pentástico e o jogo simultâneo de divergências e convergências entre as três estrofes. As tensões no interior dessa tríade são tão complexas quanto as relações entre os três heterônimos de Pessoa na "obra Caeiro-Reis-Campos".

É o encadeamento das categorias morfológicas e das estruturas sintáticas que nos faz observar a individualidade pronunciada de cada estrofe e desvenda a trama da obra inteira, ainda que sejamos antes levados a prestar atenção a outros processos no agenciamento das classes sintáticas e morfológicas, especialmente àqueles que unificam o poema e fazem dele uma composição simétrica e fechada.

Assim, cada estrofe contém um só verbo transitivo e esse verbo é acompanhado de um complemento direto: I.2. *que abre os céus,* II.5. *(Este) nos criou,* III.3. *a fecundá-la.* Observe-se a noção incoativa inerente a cada um desses verbos, que caracterizam, todos os três, a atividade criadora do Mito, sem que a construção sintática em questão contenha um sujeito nominal intrínseco. Às duas frases e aos dois sujeitos gramaticais da estrofe inicial corresponde o mesmo número de frases e de sujeitos na estrofe final, enquanto que na estrofe central a soma das frases aumenta e a dos sujeitos diminui: 2+1 para aquelas, 2—1 para estes. Esta mudança de um mais em um menos pode ser qualificada de anti-simetria.

Na estrofe central a frase do verso mediano partilha certas propriedades sintáticas dos dois versos adjacentes, estreitamente ligados um ao outro na sua composição gramatical (v. acima). Ora, o paralelismo das duas frases marginais dessa estrofe vai ainda mais longe: o verbo *foi* abrindo o segundo verso é precedido por um outro pretérito, II.1. *aportou,* e o mesmo *foi* que fecha o antepenúltimo verso é seguido por um pretérito ulterior, II.5. *criou.* Em suma, todo verso da estrofe central contém um pretérito; uma dessas cinco formas pertence à frase mediana, e duas a cada uma das frases marginais; os três infinitos subordinados são distribuídos por todas as três frases. Ao contrário, em cada uma das estrofes marginais só há três versos que dão lugar a *verba finita* (I.1., 2., 3. e III.1., 3., 5.). Na primeira frase de cada uma dessas estrofes o *verbum finitum* é representado por dois exemplos.

VI

A singularidade gramatical de cada estrofe e suas relações particulares com cada uma das duas outras estrofes é que faz ressaltar o movimento dramático do tema.

O vocabulário da estrofe inicial compreende os únicos adjetivos (cinco ao todo) do poema (mais o pronome adjetivo I.2. *mesmo*) e sete substantivos (mais o pronome substantivo I.1. *tudo*), contra cinco substantivos na estrofe final e nenhum na estrofe central. Os dois pronomes relativos restritivos — I.1., 2. *que* (note-se a ausência de vírgulas!) — são estreitamente aparentados aos adjetivos. Como cada uma das estrofes, a primeira tem um só verbo transitivo. Com exceção desse verbo (I.2. *abre*), a única forma verbal na estrofe é a cópula *é* empregada três vezes — 1. (bis), 3. — para ligar um complemento predicativo ao sujeito.

A esse mundo de entidades com seus caracteres permanentes, a segunda estrofe opõe uma cadeia de acidentes e de eventos alternativamente negados e afirmados. Com mestria suprema Pessoa constrói as três frases deste pentástico sem o concurso de um só substantivo ou adjetivo. Cinco pretéritos, três infinitos, dois gerúndios e um particípio formam a parte principal do léxico desta estrofe e, com exceção do infinito, não se encontram em outro lugar do poema. O verbo *ser*, reduzido na estrofe precedente ao papel de uma simples cópula, serve na estrofe central para designar o fato absoluto e integral de ser — II.2. *foi* — e entra em seguida numa combinação inusitada e cativante com gerúndios — II.2. *não ser existindo*, 4. *foi vindo*.

A segunda estrofe se distingue não somente pela ausência dos substantivos e adjetivos e pela produção e abundância das formas verbais, mas também por termos que Tesnière qualifica de "anafóricos" e que remetem a dados que ultrapassam o contexto do poema.[14] Assim, recordemos que no verso — II.1. *Este, que aqui aportou* —, o pronome *este* se reporta não aos versos do poema mas a seu título "Ulisses"; a proposição relativa introduzida pelo pronome *que* e posta entre vírgulas não é "restritiva", de sorte que o pronome anafórico guarda seu valor de alusão autônoma ao herói em questão. O advérbio *aqui* comporta uma remissão ao nome da cidade *Lisboa* que aparece no frontispício do livro *Mensagem*. Enfim, o pronome pessoal *nos* — complemento indireto face ao verbo intransitivo II.3. *bastou* e complemento direto face ao verbo transitivo II.5. *criou* — implica por seu turno uma transgressão dos limites do texto e em especial uma remissão ao autor e aos destinatários da mensagem. Contrariamente a todos esses "anafóricos", os da estrofe seguinte — III.1. *Assim*, 3. *a fecundá-la* — não se reportam senão ao texto do verso antecedente. Notemos também que na estrofe central a anáfora se liga a uma designação dêitica dos objetos próximos no tempo e no espaço do ato da enunciação. Em outras palavras, o mito heróico estabelece uma proximidade temporal e espacial entre o herói fabuloso, de um lado, e o poeta e os que o cercam, do outro. Os três versos ímpares que encerram os "anafóricos" contrastam com os dois versos pares munidos da negação *não*.

Os pronomes da segunda estrofe respondem ao interrogativo *quem?* e são as únicas palavras do poema que designam seres humanos. Os pronomes das outras estrofes referem-se apenas a inanimados e os nomes que povoam essas duas estrofes e que sustêm o peso do tema poético pertencem todos ao gênero inanimado, com exceção do sobrenatural I.4. *Deus*. Este serve para determinar o aposto unido ao atributo e ocupa assim o lugar mais subalterno entre todos os constituintes sintáticos do poema: ...*sol*...*é um mito* — *o corpo*... *de Deus*.

Se o mito da primeira estrofe está para sempre ligado aos *céus*, o (*este*) da estrofe central se acha preso ao solo natal do poeta a despeito dos argumentos empíricos que estes versos anulam. É a este mito que

(14) Cp. Tesnière, Cap. 42 sq.

reage o pentástico final ao considerar a relação contínua entre a lenda e a realidade. Uma entra na outra para fecundá-la porque a vida abandonada a si mesma (ou, talvez, toda vida em geral?) fica à morte. Note-se que a metáfora verbal *fecundá-la,* de acordo com a poética de Pessoa, é um tropo vital e não uma fórmula retórica: sugere a idéia de um mito em conúbio com a realidade que jaz *embaixo* e a imagem da lenda-sémen que *escorre* do mito para *entrar* no seio da realidade.

A predominância dos nomes — substantivos ou adjetivos — na primeira estrofe e ao monopólio das diversas formas verbais na segunda, a terceira responde com um número igual de substantivos e de verbos: cinco palavras de cada uma das duas classes, a saber: dois substantivos regidos (2. *na realidade,* 5. *De nada*) e três independentes (1. *lenda,* 4. *vida, metade*), dois infinitos subordinados (2. *entrar,* 3. *fecundar*) e três *verba finita* independentes (1. *se escorre,* 3. *decorre,* 5. *morre*). A confrontação dos substantivos e dos verbos é particularmente impressionante no último oxímoro do poema, o único a confrontar duas partes opostas do discurso, III. 4. *vida*... 5. *morre,* enquanto que nos oxímoros anteriores a *morre* observa-se de início uma aliança de dois termos similares — atributos (I.1.) ou epítetos (I.4.—5.), e em seguida um confronto de duas formas verbais (II.2., 3., 4.) ou nominais (III.4. *metade* 5. *De nada*) das quais uma está munida e outra desprovida de preposição.

O alto poder simbólico das categorias verbais no texto de "Ulisses" está em relação com o número restrito das que o poema aceita e põe em ação: sete presentes e cinco pretéritos perfeitos na terceira pessoa do singular (ao todo doze *verba finita,* o que corresponde aos doze nomes substantivos do poema), cinco infinitos, inclusive um infinito no pretérito constituído pelo verbo auxiliar *ter* mais o particípio passado, e finalmente dois gerúndios.

O presente atemporal da primeira estrofe, substituído pelo pretérito na história de Ulisses, é retomado na estrofe terminal. De outro lado, são verbos de ação que desfilam nesta estrofe continuando a série iniciada na estrofe precedente, com a mesma hierarquia sintática dos *verba finita* e dos infinitos. Os quatro verbos de ação concentrados na primeira frase da estrofe final se reportam ao sujeito III.1. *lenda*, enquanto que é ao sujeito oposto, 4. *vida*, que a segunda e última frase liga o único verbo de estado, 5. *morre*.

Na escolha dos substantivos esta estrofe consagrada à vida aqui embaixo (4. *Embaixo*) difere da primeira estrofe sob dois aspectos. Nesta, ao lado dos nomes abstratos, palavras concretas como I.2. *sol, céus*, 4. *corpo* representam um papel primordial, enquanto que a estrofe terminal só faz uso de nomes abstratos. O masculino é o único gênero familiar às duas primeiras estrofes (22 palavras das quais sete substantivos); ao contrário, nos quatro versos completos da última estrofe, oito palavras, das quais quatro substantivos, são todas do gênero feminino, e só o substantivo do verso truncado III.5. *nada* é um masculino. * Observemos que o verso final do poema toma ao verso inicial este último substantivo do texto inteiro, e que é ele em todo o poema a única palavra plena transferida de uma para outra estrofe. Aliás este termo se afasta das outras palavras masculinas do poema por sua terminação distinta da terminação habitual do masculino, que se acha atestada dezoito vezes no texto de "Ulisses".[15] Ao todo, o gênero masculino é representado por vinte palavras na estrofe inicial e o feminino por oito na estrofe terminal. O contraste entre os nomes femininos da última estrofe e o masculino das estrofes anteriores ressalta particularmente na substituição do masculino I.1., 3. *mito* pelo feminino III.1. *lenda*. Esta disposição dos gêneros no poema é demasiado ordenada para poder ser fortuita, mas antes de nos aventurarmos a uma interpretação semântica do estado assim verificado devemos notar uma particularidade reveladora no tratamento dos substantivos masculinos. Com exceção de I.2. *céus* todos os substantivos do poema estão no singular e nenhum substantivo masculino no singular assume o papel de complemento verbal direto ou indireto, isto é nenhum deles faz supor uma ação voltada em sua direção e da qual seja o suporte. Por outro lado, esta função de complemento verbal é preenchida por nomes ou pro-

---

(*) N. do T.: V. N. do T. p. 117.
(15) Cp. J. Mattoso Câmara Jr., "Considerações sobre o gênero em português", *Estudos Lingüísticos*. I, nº 2 (1966).

nomes do gênero feminino — III.2. *A entrar na realidade,* 3. *a fecundá-la* — e por nomes ou pronomes no plural — I.2. *abre os céus,* II.3. *nos* (objeto indireto) *bastou,* 5. *nos* (objeto direto) *criou.* Em português o nome masculino no singular é pura e simplesmente um substantivo, tal e qual, privado de toda marca suplementar, uma vez que ele não pertence nem ao gênero marcado nem ao número marcado.[16] No sistema simbólico do poema este substantivo é pois apresentado como independente de toda ação extrínseca e de toda interação, independente enfim, como o dirá a segunda estrofe, do jugo da existência efetiva. Mas desde que se produz a conjugação da realidade e do mito, este perde a sua pureza e degenera em uma *lenda* que não é senão a tradução do *mito brilhante e mudo* na linguagem comum. O poeta deixa aberta propositadamente a questão de saber se a vida aqui embaixo morre malgrado a intervenção da lenda ou à falta de sua intervenção. De qualquer modo, *nada,* no último verso, perde seu oposto primitivo, *tudo.* A tensão entre as duas concepções da vida é a derradeira das antinomias dialéticas que estruturam o poema.

O mito é o nada que é tudo, e todo substantivo não-marcado integrante da primeira estrofe, como *sol* e *corpo de Deus,* é um mito — I.3. *É um mito;* logo, o que apresenta é precisamente um nada que é tudo. Em "Ulisses", como acabamos de verificar, os nomes masculinos no singular jamais apresentam o objeto de uma ação, mas, o que é também significativo, tampouco aparecem no papel de agente. As únicas funções sintáticas que o poema atribui aos substantivos não-marcados são ou a de termo primário — sujeito ou nome atributivo — numa proposição equacional (nome — cópula *é* — nome) ou a de aposição junta a um dos dois termos primários, ou enfim esses substantivos exercem a função de uma "subordinada epitética"[17] que

(16) Cp. R. Jakobson, *Selected Writings,* II (Haia-Paris 1968), pp. 3 sqq., 136 sqq., 187 sqq. e 213: "O feminino indica que, se o designado é uma pessoa ou se presta à personificação (e na linguagem poética todo designado se presta à personificação), é seguramente ao sexo feminino que essa pessoa pertence (*esposa* designa sempre a mulher). Ao contrário, a significação geral do masculino não especifica necessariamente o sexo: *esposo* ou designa de maneira restritiva o marido (*esposo* e *esposa*), ou, de maneira generalizante, *um dos dois esposos, os dois esposos.*" Cp. em português o emprego de masculinos como *deputado, ministro, embaixador, poeta* em relação a mulheres.

(17) Ver Tesnière, Cap. 65.

determina a aposição: I.4. *corpo morto de Deus,* III.4. *vida, metade* 5. *De nada.*

Assim que aparece a ação e sua marca temporal, o pretérito, o substantivo se torna tabu e se vê suplantado na estrofe central por substitutos anafóricos; a seguir, quando a atividade se perpetua e se realiza no nível inferior, a estrofe terminal efemina os termos em jogo e se vale de um *enjambement* abrupto [18] para aguçar o duplo oxímoro trágico que põe fim ao poema:

> *Embaixo, a vida, metade*
> *De nada, morre.*

Recorde-se a aversão do poeta pelas coisas literárias "que não contêm uma fundamental idéia metafísica, isto é, por onde não passa, ainda que como um vento, uma noção da gravidade e do mistério da Vida" [19]. Num de seus aspectos múltiplos, a dialética dos símbolos que alternam nas três estrofes do poema pode ser visualizada pelo esquema seguinte:

Tese:	O eterno	Os céus	
Antítese:	— O passado	—	O solo
Síntese:	O eterno	—	O solo

Ou em outros termos, aqui embaixo a vida passa eternamente.

VII

A gramática das rimas reflete vivamente a diversidade, assim como a afinidade das três estrofes. Nas rimas do poema "Ulisses" os versos ímpares de uma estrofe nunca usam a mesma classe de palavras que os versos pares. A tabela abaixo ilustra a distribuição das categorias morfológicas nas rimas das três estrofes:

Estrofe	*Versos ímpares*	*Versos pares*
I	Pronome e adjetivos	Substantivos
II	Verba finita	Formas nominais do verbo
III	Verba finita	Substantivos

(18) Este *enjambement* acentua a significação fracionante da palavra *metade*, cindindo violentamente o sintagma *metade/de nada*.
(19) Carta a Armando Côrtes-Rodrigues, *ob. cit.,* p. 27.

111

Assim os versos ímpares da terceira estrofe correspondem aos da segunda e os versos pares aos da primeira. Ora nos dois casos a afinidade sofre a contraposição de uma divergência: a terceira estrofe opõe o presente ao pretérito da segunda estrofe e o gênero feminino ao masculino da primeira estrofe. A passagem das rimas nominais da primeira estrofe à confrontação das rimas nominais e verbais na estrofe terminal é acompanhada de uma extensão das correspondências gramaticais na rima. A primeira exigia somente uma identidade de gênero apoiada seja na igualdade de número e na mesma desinência univocálica, seja apenas no fato de pertencer à mesma parte do discurso (I.2. *céus* — 4. *Deus*). A segunda estrofe faz rimar as desinências em duas vogais. As rimas da terceira estrofe introduzem a identidade do morfema preposto à desinência (sufixo derivativo: III.2. *realidade* — 4. *metade,* ou raiz: III.1. *escorre* — 3. *decorre;* ainda uma vez a terminação do poema, III.5. *morre,* apresenta uma exceção).

Pode-se observar que os membros de um oxímoro não rimam nunca entre si em "Ulisses" e que a marcha das rimas contrabalança a dos oxímoros: no curso do poema as rimas, como indica a tabela abaixo, tornam-se cada vez mais gramaticais, enquanto que a equivalência gramatical entre os membros dos oxímoros, completa na primeira estrofe, se atenua a seguir e acaba por se transformar numa oposição do nome e do verbo.

Morfemas idênticos nas rimas	*Relações gramaticais entre os membros do oxímoro*
I. Desinências univocálicas	Equivalência sintática e morfológica
II. Desinências bivocálicas	Partes do discurso idênticas, funções sintáticas diferentes
III. Desinências e morfemas pré-desinenciais em dois pares de palavras correspondentes	Oposição sintática e morfológica no oxímoro final

VIII

É difícil encontrar "mais perfeição e elaboração cuidada"[20] de uma diversidade rítmica ligada a uma unidade métrica rigorosa do que aquela que Pessoa apresenta na breve extensão de quinze linhas em harmonia com o perfil semântico destas.

Nos versos completos a terceira e a sexta sílabas são constantemente átonas; a quarta, separada por duas sílabas da última sílaba acentuada, leva o acento de palavra com exceção de dois versos: I.3. *É um mito brilhante e mudo,* onde o acento de palavra recai sobre a quinta sílaba, e III.2. *A entrar na realidade,* onde uma só palavra com seu proclítico contém quatro sílabas pretônicas. Quanto ao começo do verso completo, a primeira sílaba é sempre átona nas estrofes marginais mas leva o acento de palavra nos dois primeiros versos da segunda estrofe. O acento cai na segunda sílaba em todos os quatro versos completos da primeira estrofe e em três versos da terceira estrofe, mas a mesma sílaba permanece átona na segunda estrofe. Assim os versos II.3., 4. e III.3. só contêm duas palavras acentuadas.

Observe-se que todo desvio rítmico encontra uma correspondência parcial em um dos dois versos adjacentes: o acento que em I.3. cai na quinta *em lugar* da quarta sílaba é antecipado pelo verso I.2., que vincula o acento de palavra à quinta e ademais à quarta sílaba (*O mesmo sol qu(e) abr(e) os céus*); o verso III.2., no qual apenas duas sílabas levam o acento de palavra, corresponde sob este aspecto ao verso III.3.

Os versos completos apresentam três tratamentos diferentes das respectivas duas primeiras sílabas: o acento de palavra afeta A) a segunda sílaba, B) a primeira ou C) nenhuma das duas. A estrofe inicial fica fiel ao tipo A; ao lado deste, o tipo C aparece uma vez na estrofe terminal (III.3.), enquanto que a estrofe central é a única a proscrever o tipo A e a fazer uso do tipo B (II.1., 2.), alternando-o com o tipo C (II.3., 4.).

Ainda uma vez verificamos a tendência a um paralelismo binário das variedades rítmicas. Nos dois primeiros versos da estrofe central, o acento inicial põe

(20) Mesma carta de F. Pessoa, *ob. cit.,* p. 24 sq.

113

em relevo a essência mesma do mito heróico, seu sujeito e seu predicado, ambos expressos por termos abstratamente gramaticais: II.1. *Este*... 2. *Foi.* O verso III.3. partilha, como já o indicamos, o traço característico do verso antecedente, III.2.: cada verso do par comporta apenas dois acentos de palavra, do mesmo modo que o segundo par de versos da estrofe central, II.3., 4.; do ponto de vista da estrutura verbal estes quatro versos se distinguem de todos os outros do poema: são os únicos a começar por um infinito subordinado ao *verbum finitum;* deste modo (*Assim*) a finalidade afirmativa das prótases, III.2. *A entrar na realidade,* 3. *E a fecundá-la,* contrabalança as prótases circunstanciais e negativas das linhas II.3., 4. A individualidade rítmica das estrofes é devida sobretudo aos cortes [*coupes*], lugares do verso onde se situam — obrigatoriamente ou de preferência — os limites das palavras acentuadas (inclusive os elementos proclíticos ou enclíticos que as acompanham). O quadro abaixo ilustra a distribuição dos cortes (|) e das sílabas com acento de palavra (—) e sem acento (v) nos versos de "Ulisses" (as sílabas suprimidas pela sinalefa foram naturalmente omitidas no esquema):

I

1. v — v | — v | v — v
2. v — v | — | — | v —
3. v — v | v — | v — v
4. v — v | — v | v —
5. — | v v — v

II

1. — v | v — | v v —
2. — | v v — | v v — v
3. v v v — | v v —
4. v v v — v | v — v
5. v v v —

III

1. v — | v — v | v — v
2. v — | v v v v — v
3. v v v — v | v — v
4. v — | v — v | v — v
5. v — v | — v

114

A vogal acentuada da rima não é precedida de um corte nem nos versos completos nem nos versos truncados do poema, com exceção da última palavra, III.5. *morre*, que este corte brusco torna particularmente expressiva e opõe de maneira marcante ao segmento terminal máximo, dotado de quatro sílabas pretônicas — III.2. *na realidade*.

Os versos completos da estrofe inicial têm sempre um corte após a terceira e a quinta sílaba e manifestam predileção pelos paroxítonos no interior do verso (seis dentre as oito palavras seguidas de um desses dois cortes). Ao contrário, na estrofe central o corte jamais precede a quarta sílaba mas a segue nos três primeiros versos. Nesta estrofe, quatro dentre os seis acentos interiores caem na última sílaba da palavra, e estes cortes masculinos fazem ressaltar o caráter masculino da rima que une os versos ímpares: II.1. *aportou* — 3. *bastou* — 5. *criou*. O monossilabismo da cláusula prevalece sobre sua estrutura bivocálica.

A estrofe terminal não apresenta corte após a quarta sílaba e nos três versos onde esta sílaba leva o acento o corte segue a quinta sílaba segundo o modelo da estrofe inicial. De outro lado, a ausência de corte após a terceira sílaba opõe as duas estrofes não iniciais à inicial. Ao lado destas características que ligam a terceira estrofe a uma das duas outras, ela apresenta um traço que só nela existe: quando o acento recai na segunda sílaba, esta se faz seguir de um corte. Em conseqüência, na última estrofe, as três palavras que acentuam a segunda sílaba do verso são todas oxítonas, enquanto que os três acentos de palavra que incidem sobre a quarta sílaba do verso pertencem a paroxítonos. O contraste entre os paroxítonos da primeira estrofe e os oxítonos da segunda se transforma numa alternância regular desses dois tipos prosódicos no interior da terceira estrofe, que sintetiza os traços divergentes das estrofes anteriores.

A primeira estrofe consagrada à exaltação do Mito excele pela nitidez de seu desenho métrico. Este arranjo, que tanto a distingue, é que deve ter inspirado a harmonização vocálica de toda a estrofe. As duas últimas vogais dos paroxítonos iniciais formam uma rede de correspondências constantes com as duas vogais das rimas. O fonema /u/ é aqui a única vogal postônica no fim e no início do verso. As vogais sob o primeiro e o último acento de palavra nos três versos ímpares da estrofe inicial realizam os fonemas /i/ e /u/, ambos difusos mas ao mesmo tempo opostos um ao outro por sua tonalidade. Estas cinco palavras se recortam contra o fundo dos versos pares da estrofe que não toleram nenhuma vogal difusa em suas sílabas acentuadas: 1. *mito — tudo,* 3. *mito — mudo,* 5. *vivo — desnudo.* Elas põem em relevo o primeiro substantivo e o motivo condutor do poema, MITO, o único termo lexical repetido no interior de uma estrofe e marcado além disto por um jogo de inversões: 1. *O mito é... que é...* 2. *O... que...* 3. *É um mito.* A tripla alternância fônica extrai as palavras mais eficazes para a exaltação do mito que é aclamado como todo-poderoso (*tudo*), inefável (*mudo*), vital (*vivo*) e despido de todo disfarce (*desnudo*).

IX

O estudo de "Ulisses" nos permite observar, sem mesmo ser necessária a consideração de outros exemplos, o que representa na obra e na doutrina estética de Fernando Pessoa o que para ele era um verdadeiro "poeta da estruturação"; um tal poeta lhe parece ser necessariamente mais *limitado* que os poetas da *variedade* naquilo que ele exprime, assim como menos profundo na expressão: por isto mesmo, é mais complexo, porque exprime, segundo as próprias palavras do autor, "construindo, arquiteturando, estruturando" (ver acima).

Nada, a palavra reiterada que baliza as três estrofes de "Ulisses", nos deixa entrever a firmeza monolítica do princípio arquitetural que governa a expressão poética de Pessoa. *Nada,* totalidade negativa, se acha oposto a *tudo,* totalidade positiva, e estes dois quantificadores totalizantes se opõem, por seu turno, a um quantificador parcelante, *metade,* e o contraste dos dois gêneros, masculino de *nada* e *tudo* em face do feminino *metade*, vem reforçar esta oposição.* Em dois poemas de Pessoa, escritos ambos em 1933, pouco antes da composição de *Mensagem*, vamos encontrar de novo as mesmas três personagens do drama, mas seus papéis e relações recíprocas parecem variar. Na sextilha atribuída a Ricardo Reis e datada de 14.2.1933 (período em que Pessoa sofreu uma grave crise de neurastenia), é o inteiro, o todo, que põe o nada fora de jogo, e cada parcela incorpora o todo e nele se funde:

> *Para ser grande, sê inteiro: nada*
> *Teu exagera ou exclui.*
> *Sê todo em cada coisa. Põe quanto és*
> *No mínimo que fazes.* [21]

De outro lado, na estrofe inicial de um poema que leva a data de 13.9.1933 e incluído no *Cancioneiro*, a redução do todo (*tudo*) a sua *metade* culmina na imagem global de uma metamorfose do *infinito* em um *nada*.

> *Tudo que faço ou medito*
> *Fica sempre na metade.*
> *Querendo, quero o infinito.*
> *Fazendo, nada é verdade.* [22]

No fundo, estes três dramas do Tudo, do Nada e da Metade são variações sobre o mesmo tema. *Quero o infinito*, o todo é a meta de *tudo que faço ou medito;* os cinco imperativos encantatórios da sextilha ci-

---

(*) N. do T.: Pela sua significação o pronome indefinido *tudo*, como *algo* e *nada* e os demonstrativos *isto*, *isso* e *aquilo*, é neutro; mas o gênero neutro, que só aí se encontra em português e sem marca especial, se comporta na concordância como masculino, e pode morfologicamente se incluir neste último gênero, em contraste com o feminino: *Ela é meu tudo, quero algo bom, o nada implacável, isto é mau*. (Esta nota foi redigida por J. Mattoso Câmara Jr., a pedido do tradutor. A respeito, observou Roman Jakobson em carta ao tradutor que, de um ponto de vista sincrônico, *tudo*, no português contemporâneo, parecia-lhe masculino).

(21) *Obra Poética*, p. 289.
(22) *Obra Poética*, p. 172.

tada pretendem abolir o *nada* e integrar o *mínimo* no todo; enfim, é o "assim seja", a verdade intencional do mito que no início de "Ulisses" transforma o *nada* em um *tudo,* enquanto que os fatos que existem *in actu* parcelam, desintegram, aniquilam o todo: *Fazendo, nada é verdade.* [23]

(*Tradução de Haroldo de Campos, com a colaboração de Francisco Achcar*)

(23) Resta-nos o agradável dever de exprimir nosso reconhecimento aos que nos assistiram neste trabalho, a Haroldo de Campos, Aila Gomes e Joaquim Mattoso Câmara Jr.

CARTA A HAROLDO DE CAMPOS SOBRE A TEXTURA POÉTICA DE MARTIN CODAX

Foi Luciana Stegagno Picchio quem, com seu indefectível gosto literário, chamou a minha atenção para as fascinantes Cantigas do trovador galego-português. A monografia fundamental de Celso Ferreira da Cunha, *O Cancioneiro de Martin Codax* (Rio de Janeiro 1956), e uma instrutiva conversa com Francis Rogers ajudaram-me a penetrar essas magníficas criações de uma época excepcional na história da arte verbal européia.

Admirador que sou da suprema acuidade para os mais íntimos elos entre som e sentido, uma acuidade que fundamenta e sustém os seus ousados experimentos poéticos e estimulantes descobertas e que inspira as suas extraordinárias transposições dos poemas aparentemente intraduzíveis das mais diversas línguas, gostaria de compartilhar com Você minhas rápidas observações sobre um raro espécime das jóias verbais do século XIII, a quinta das sete Cantigas d'amigo de Martin Codax.

> *Quantas sabedes amar amigo*
> *treydes comig' a lo mar de Vigo*
>   *e banhar nos emos nas ondas.*
>
> *Quantas sabedes amar amado*
> *treydes comig' a lo mar levado*
>   *e banhar nos emos nas ondas.*
>
> *Treydes comig' a lo mar de Vigo*
> *e veeremo' lo meu amigo*
>   *e banhar nos emos nas ondas.*
>
> *Treydes comig' a lo mar levado*
> *e veeremo' lo meu amado*
>   *e banhar nos emos nas ondas.* *

Cada uma das quatro estrofes contém 1) um dístico composto de dois decassílabos rimados e 2) um refrão não rimado de nove sílabas (ou, na nomenclatura portuguesa corrente, que não conta a sílaba final átona, 1) eneassílabos graves e 2) octossílabo grave).

(*) *N. do T.*: Para propiciar a compreensão do poema por parte do leitor estrangeiro, acrescentou-se ao texto inglês deste trabalho a tradução francesa de François Dehoucke, que, segundo refere Jakobson, "segue de perto o texto original":

> *Vous toutes qui savez aimer un ami,*
> *venez avec moi à la mer de Vigo*
>   *et nous nous baignerons dans les flots.*
>
> *Vous toutes qui savez aimer un aimé,*
> *venez avec moi à la mer agitée*
>   *et nous nous baignerons dans les flots.*
>
> *Venez avec moi à la mer de Vigo,*
> *et nous verrons mon ami,*
>   *et nous nous baignerons dans les flots.*
>
> *Venez avec moi à la mer agitée,*
> *et nous verrons mon aimé,*
>   *et nous nous baignerons dans les flots.*

Chansons d'ami traduites du portugais (Bruxelas 1945), p. 79.

O refrão e um verso de cada dístico apresentam imagens marinhas, enquanto que o outro verso dos dísticos trata de um motivo amoroso. A cesura divide os versos amorosos em dois cólons iguais (5 + 5), e. g. *Quantas sabedes / amar amigo*, ao passo que os cólons dos versos marinhos são assimétricos: (4 + 6) nos dísticos — *Treydes comig' / a lo mar de Vigo* — e (6 + 3) no refrão — *e banhar nos emos / nas ondas*.

A montagem dos componentes repetitivos móveis introduz um critério diferente para a divisão dos versos rimados: cada um consiste em dois segmentos — o primeiro de sete sílabas, chamado "tema" [stem], e o segundo de três sílabas, denominado "coda".

Cada verso rimado contém quatro tempos fortes [downbeats], que caem na primeira, quarta, sétima e nona sílabas: *Quantas sabedes amar amado*. Assim, a penúltima sílaba da coda e a sílaba final do tema são sempre acentuadas. Os três tempos fortes do tema são separados um do outro por seqüências dissilábicas de tempos fracos [upbeats]. A invariante estrutural dos cólons, nos versos dos dísticos, é constituída por seu par de tempos fortes, enquanto que a divisão desses mesmos versos em temas e codas é assinalada pela diferença entre as duas seqüências dissilábicas internas de tempos fracos do tema e os dois tempos fracos monossilábicos externos da coda.

Quanto ao refrão, o padrão [pattern] acentual de seu primeiro cólon, hexassilábico, reproduz o último cólon, igualmente hexassilábico, do verso marinho antecedente: *a lo mar de Vigo / e banhar nos emos*. Todo o refrão é construído sobre uma alternância regular de quatro tempos fracos — dois dissilábicos e dois monossilábicos —, separados um do outro por três tempos fortes.

A composição das codas divide as estrofes da Cantiga em duas *IMPARES* e duas *PARES*. Em cada um desses dois grupos de duas estrofes as codas são idênticas, ao passo que as estrofes pares e ímpares apresentam dois diferentes pares de palavras na rima. Em cada um destes dois pares uma palavra é amorosa e a outra pertence ao motivo marinho. Assim, *amigo* rima com *de Vigo* nas estrofes ímpares, e *amado* com *levado* nas pares. Na seqüência fonêmica terminal

VCVCV das codas só o segundo par de V(ogal) e C(onsoante) diferencia essas duas rimas, enquanto que o resto da seqüência permanece invariável: *am..o — ev..o*.

As duas estrofes *ANTERIORES* (I. e II.) da Cantiga diferem das duas estrofes *POSTERIORES* (III. e IV.) tanto pela composição de seus temas como pela ordem de temas e codas. O tema que em cada dístico porta a imagem marinha é invariável através das quatro estrofes (*treydes comig' a lo mar*), ao passo que o outro, de motivo amoroso, permanece inalterável em cada par de dísticos mas distingue as estrofes anteriores (I., II. *Quantas sabedes amar*) das posteriores (III., IV. *e veeremo' lo meu*). Nas estrofes anteriores o tema variável precede o tema marinho invariante, enquanto que nas estrofes posteriores a ordem dos dois temas e, correspondentemente, a ordem das duas codas que rimam encontram-se invertidas. Assim, o tema invariante é seguido nas estrofes posteriores pelas mesmas codas que nas anteriores. Em contraposição à prótase amorosa subordinada (*Quantas*) e à apódose marinha dos dísticos anteriores, nos dísticos posteriores a prótase marinha é seguida por uma apódose amorosa coordenada (*e*), ou, em relação ao refrão constante, o motivo amoroso aparece envolvido pelas metáforas marinhas *, de forma que ambas as idéias se fundem.

Os finais dos temas rimam nos dísticos anteriores (amar — a *lo* mar) e compartilham uma seqüência comum de três fonemas nos dísticos posteriores (*a* lo m*ar* — lo m*eu*). Assim, versos de motivos dissimilares (marinho *vs.* amoroso) ligam-se fonicamente não só por suas codas mas também por seus temas. Por outro lado, as unidades vocabulares iniciais dos dois cólons hexassilábicos invariantes, de motivo marinho, nas quatro estrofes rimam entre si: *a lo mar — e banhar*.

Além disso, nas estrofes ímpares a penúltima palavra do tema invariante (a segunda palavra acentuada a partir do fim), *comig' comigo*, forma uma rima potencialmente plena com a coda do verso adjacente *amigo*, ao passo que nas estrofes pares o verbo posi-

---

(*) *N. do T.*: Sobre a referência, nas "metáforas marinhas", aos *banhos de amor* medievais, que remontam à tradição pagã dos banhos públicos de Roma, v. Celso Cunha, *ob. cit.*, Glossário, s. v. *banhar*.

122

cionalmente correspondente do tema invariável forma uma rima gramatical com o verbo do verso seguinte: II. *sabe*des — *trey*des e IV. *veer*emo'—emos. Assim, em meio a todas as variações do tema e da coda, a textura sonora liga intimamente o verso amoroso aos versos vizinhos de imagem marinha.

O refrão, com seus traços nasais reiterados cinco vezes e com suas quatro palavras terminadas por /s/, exibe uma confrontação trocadilhística [*punlike*] de n*os* e n*as*. O final *ondas* do refrão responde às palavras iniciais das quatro estrofes — I., II. *Quan*tas e II., IV. *Trey*des. A estrutura íntima de todos os versos dos quatro dísticos, com suas dezoito labionasais, apresenta uma repetição de /m/ e da vogal precedente ou de ambas as vogais circundantes: nos quatro temas invariantes — co*mig' a lo mar*, e no outro verso dos quatro dísticos as estrofes anteriores exibem uma figura etimológica — I. am*ar* am*igo*, II. am*ar* am*ado* — e as estrofes III., IV. invertem a ordem das vogais adjacentes — *veer*emo' *lo* m*eu*. Assim, a nasal grave une a família de palavras *amar* (I., II.), *amigo* (I., III.), *amado* (II., IV.) com a palavra *mar* (I. — IV.) — metonímica, mas principalmente metafórica, — e com categorias gramaticais semanticamente subjetivas como a primeira pessoa do plural das formas do futuro em *emos* (I., II., III. bis, IV. bis) e especialmente a primeira pessoa do singular dos pronomes *comig'* (I.—IV.) e *meu* (III., IV.). Quase desprovidos de outras nasais, os dísticos diferem visivelmente do refrão ambiental com suas nasais predominantemente agudas [*high-pitched*], os quatro /n/ e /ɲ/.

Se se aceitar a leitura do tema marinho proposta por J. J. Nunes em sua *Crestomatia arcaica* (Lisboa 1906), p. 343 — *treydes vos mig'*, com uma construção verbal reflexiva paralela à forma gramatical do refrão (cf. Celso Cunha, p. 69) — a textura sonora desse verso ganha um novo elo entre o tema e a coda: *treydes vos* — *de Vigo / levado*. O verso parece exceler em reduplicações de fonemas consonantais. Há seis grupos de dois fonemas nas variantes ímpares e seis nas variantes pares: *Treydes vos mig' a lo mar de Vigo* (2 /r/, 2 /d/, 2 /s/, 2 /v/, 2 /m/ e 2 /g/); *treydes vos mig' a lo mar levado* (2 /r/, 2 /d/,

2 /s/, 2 /v/, 2 /m/ e 2 /l/). Em resumo, tanto nas variantes pares como nas ímpares desse verso doze dentre treze fonemas consonantais adjacentes a uma vogal tomam parte em pares reduplicativos.

Em contraposição ao último tempo forte do refrão — *ondas* —, os tempos fortes dos dísticos não caem nunca em vogais arredondadas, bemolizadas *, e estão ligados a apenas três silábicos: doze /á/, doze /é/ e oito /í/, com uma notável distribuição simétrica dos contrastes vocálicos entre os quatro dísticos do poema e entre os quatro tempos fortes dos seus oito decassílabos:

DÍSTICOS:	Internos	Externos	Anteriores	Posteriores	Pares	Ímpares
a	6	6	8	4	8	4
e	6	6	4	8	6	4
i	4	4	4	4	2	6

TEMPOS FORTES:

a	6	6	2	10	4	8
e	6	6	10	2	4	8
i	4	4	4	4	8	—

O par de dísticos externos (I., IV.) apresenta a mesma distribuição das três vogais acentuadas que o par de dísticos internos (II., III.), i. e., exatamente metade do número total atribuído a cada uma dessas vogais nos quatro dísticos da Cantiga. Seis /á/ e seis /é/ ocorrem em cada um dos dois pares. Observamos um equilíbrio vocálico surpreendentemente similar entre os dois tempos fortes externos e os dois internos dos oito versos dos dísticos, ou em outras palavras, entre os inícios e os fins dos seus dois cólons.

As duas outras oposições entre os dísticos, sua divisão em dois dísticos anteriores (I., II.) e dois posteriores (III., IV.) e em dois dísticos ímpares (I., III.) e dois pares (II., IV.), enriquecem os dois pares correlativos com uma diferença opositiva [*contrary difference*] na freqüência do /á/ e do /é/ ou /í/. Os dísticos anteriores contêm quatro /á/ a mais e quatro

---

(*) N. do T.: Traduzo *flat* por *bemolizado*. Mattoso Câmara prefere o termo *rebaixado*; v. R. Jakobson, *Fonema e Fonologia*, seleção, trad. e notas de J. Mattoso Câmara Jr. (R. Janeiro 1967), p. 126 n. 3. Cf., infra, p. 83, N. da T.

/é/ a menos que os dísticos posteriores, enquanto que o número de /í/ é idêntico nos dois pares de dísticos. Paralelamente, os dísticos pares contêm quatro /á/ a mais e quatro /í/ a menos que os dísticos ímpares, ao passo que o número de /é/ permanece o mesmo nos dois pares de dísticos.

Uma oposição análoga entre a freqüência do /á/ e a de uma das vogais palatais, agudas, determina a relação entre os tempos fortes anteriores e posteriores e entre os pares e ímpares, mas, nestes casos, a diferença na freqüência atinge oito e a orientação da prevalência numérica é invertida em comparação com a distribuição das mesmas vogais entre os dísticos anteriores e posteriores e os pares e ímpares. Os tempos fortes anteriores contêm oito /á/ a menos e oito /é/ a mais do que os tempos fortes posteriores, enquanto que o número de /í/ permanece idêntico, tal como já observamos no caso dos dísticos anteriores e posteriores. Entre os tempos fortes pares e ímpares a relação de freqüência é a mesma, quatro para oito, para /á/ e /é/, de forma que os tempos fortes pares exibem oito /á/ e /é/ a menos e oito /í/ a mais do que os tempos fortes ímpares. A ausência total de /í/ nos tempos fortes ímpares torna esse contraste particularmente eficaz, enquanto que a alternância das rimas finais torna evidente a prevalência dos dois fonemas duplamente opositivos, /á/ nos dísticos pares e /í/ nos ímpares.

Função significativa assumem a seleção rigorosa e a distribuição simétrica das classes gramaticais. Nenhum sujeito nominal ocorre na Cantiga. Usam-se nomes no fim dos quatro versos amorosos como objetos diretos regidos por verbos transitivos, ao passo que nos oito versos marinhos os nomes comuns funcionam como adjuntos adverbiais de lugar introduzidos por uma preposição: no refrão eles fecham o verso (*nas ondas*), mas nos dísticos eles são seguidos de um adjunto adnominal final — o nome próprio (*de Vigo*) ou o adjetivo (*levado*). Cada verso contém um verbo finito, sempre no plural. Nos dísticos, o masculino singular de todos os nomes contrasta distintamente com o plural dos verbos finitos e com o feminino das interlocutoras referido por essas formas verbais e expresso pelo pronome relativo *Quantas*. Contrariamente aos versos rimados, o refrão estende o número fixado e o gênero visado pelo

125

verbo através de todo o verso com sua forma feminina plural *ondas*.

Somente duas formas verbais finitas ocorrem no poema: a segunda pessoa do plural do presente do indicativo (*sabedes* e, talvez, com uma conotação imperativa, *treydes*) e a primeira pessoa do plural do futuro do indicativo (*veeremo'* e *banhar nos emos*). Cada uma dessas duas variedades temporais e pessoais aparece seis vezes no poema, mas a primeira ocorre quatro vezes nas estrofes anteriores e somente duas nas posteriores, enquanto que a segunda exibe a ordem inversa: duas vezes nas estrofes anteriores e quatro vezes nas posteriores. A distribuição dos pronomes referentes à primeira pessoa do singular (duas vezes nas estrofes anteriores e quatro vezes nas posteriores) ostenta a mesma tendência para uma gradual inclusão e promoção do ego do remetente feminino: *e veeremo' lo meu amigo / amado*. Este verso amoroso das duas estrofes posteriores, com seus tempos fortes agudos, de tonalidade alta [*high-pitched*], e com suas vogais e soantes manifestamente preponderantes em face de um único obstrutor — /g/ ou /d/ — no fim, forma uma extasiante réplica à abundância de sete obstrutores no cólon *Quantas sabedes*, o *incipit* da Cantiga.

Roman Jakobson

(*Tradução de Francisco Achcar*)

A CONSTRUÇÃO GRAMATICAL DO POEMA "WIR SIND SIE" ["Nós somos ele"] DE B. BRECHT

> *Em lugar algum são feridas as leis secretas, as leis da interferência, do entrecruzamento e da síncope, com as quais se produz o jogo recíproco do sentido interno e da construção gramatical das frases na criação poética; em lugar algum, também, é possível ouvir música tão secretamente arrebatadora, como nesses versos, por exemplo, nos de* Mutter *("A Mãe") e de* Massnahme *("A Medida")* ...
>
> ARNOLD ZWEIG, 1934

Estas são as palavras de Bertolt Brecht, que o poeta alegou em defesa da peculiaridade das leis gramaticais que regem os seus versos: *Ego, poeta Germanus, supra grammaticos sto.* Com razão A. N. Kolmogorov caracterizou a construção gramatical como sendo a dimensão menos considerada da poesia. Embora ainda existam, entre os estudiosos da literatura dos diferentes países, línguas, opiniões e gerações, aqueles que reputam uma análise estrutural dos versos como uma intrusão criminosa da lingüística numa zona proibida, existem também lingüistas de diferentes observâncias que excluem de antemão a linguagem poética do círculo dos temas que interessam à lingüística. É que é próprio dos trogloditas continuar sendo trogloditas.

Nosso livro *A poesia da gramática e a gramática da poesia* encerra-se com amostras de análise gramatical de poemas em diversas línguas dos séculos XIV a XX; o último estudo trata de um poema que B. Brecht (1898-1956) escreveu em 1930. Originalmente, o poema estava contido na sua peça didática *Die Massnahme* ["A Medida"] (cf. Brecht, *Versuche* [Ensaios], 1-12, caderno 1-4 na nova edição berlinense de 1963), mas, posteriormente, foi publicado em separado no volume de poemas *Lieder Gedichte Chöre* ["Canções Poemas Coros"], (Paris 1934).

I   1 *Wer aber ist die Partei?*
    2 *Sistzt sie in einem Haus mit Telefonen?*
    3 *Sind ihre Gedanken geheim, ihre Entschüsse*
                                                             [*unbekannt?*
    4 *Wer ist sie?*

II   5 *Wir sind sie.*
     6 *Du und ich und ihr — wir alle.*
     7 *In deinem Anzug steckt sie, Genosse, und*
                                                [*denkt in deinem Kopf.*
     8 *Wo ich wohne, ist ihr Haus, und wo du an-*
                                   [*gegriffen wirst, da kämpft sie.*

III   9 *Zeige uns den Weg, den wir gehen sollen und*
                                                                               [*wir*
   10 *Werden ihn gehen wie du, aber*
   11 *Gehe nicht ohne uns den richtigen Weg*
   12 *Ohne uns ist er*
   13 *Der falscheste.*
   14 *Trenne dich nicht von uns!*
   15 *Wir können irren, und du kannst recht haben,*
                                                                           [*also*
   16 *Trenne dich nicht von uns!*

IV 17 *Dass der kurze Weg besser ist als der lange,*
                              [das leugnet keiner
    18 *Aber wenn ihn einer weiss*
    19 *Und vermag ihn uns nicht zu zeigen, was*
                              [nützt uns seine Weisheit?
    20 *Sei bei uns weise!*
    21 *Trenne dich nicht von uns!*

[I   1 Mas quem é o Partido?
     2 Está sentado numa casa com telefones?
     3 São secretos os seus pensamentos, desconhe-
                              [cidas as suas decisões?
     4 Quem é ele?

II   5 Nós somos ele.
     6 Você e eu, vocês — nós todos.
     7 Ele veste sua roupa, camarada, e pensa na
                              [sua cabeça.
     8 Onde eu moro é a sua casa, e onde você é
                              [atacado, ele luta.

III 9 Mostre-nos o caminho que devemos seguir, e
                              [nós
    10 O seguiremos como você, mas
    11 Não vá sem nós pelo caminho certo
    12 Sem nós ele é
    13 O mais falso.
    14 Não se separe de nós!
    15 Nós podemos errar, e você pode estar certo,
                              [portanto
    16 Não se separe de nós!

IV 17 Que o caminho curto é melhor que o longo,
                              [isso ninguém nega
    18 Mas se alguém o conhece
    19 E não no-lo sabe mostrar, de que nos serve
                              [o seu saber?
    20 Seja sábio conosco!
    21 Não se separe de nós! *]

(*) N. do T.: Esta tradução, assim como os seus extratos, apresentados entre colchetes no decorrer do ensaio, é literal e sua intenção é refletir da maneira mais fiel possível a construção gramatical do poema, para melhor permitir a compreensão da análise feita por Jakobson. Para uma recriação do poema em língua portuguesa, veja-se, no final deste ensaio, a tradução de Haroldo de Campos.

Na mencionada edição de Paris o poema leva como título o primeiro verso interrogativo *Wer aber ist die Partei?* ["Mas quem é o Partido?"]; na antologia berlinense de Brecht *Hundert Gedichte* ["Cem poemas"] (1951), o título é o verso inicial de resposta da segunda estrofe: *Wir sind sie* ["Nós somos ele"]. O poema nasceu no apogeu do poder criativo de Brecht, que corresponde ao quarto decênio da sua vida e ao quarto decênio do nosso século: este período é introduzido pela *Dreigroschenoper* ["Ópera dos três vinténs"] (1928) assim como pela *Aufstieg und Fall der Stadt Mahagony* ["Ascensão e queda da cidade de Mahagony"] (1928-29), e é encerrado pelos dois dramas, não menos importantes, *Leben des Galilei* ["Galileo Galilei"] (1938-39) e *Mutter Courage und ihre Kinder* ["Mãe Coragem"] (1939).

Ao mesmo período de procura combativa "sob circunstâncias difíceis" corresponde também o livro de Wolfgang Steinitz sobre o *Paralelismo na poesia popular fino-carélica* [1]. A "gramática do paralelismo", uma interrogação audaz, encontrou nesta obra, pela primeira vez, uma solução científica. O paralelismo gramatical serve como recurso canônico na tradição fino-carélica, cuidadosamente estudada por Steinitz, assim como, de um modo geral, no folclore uraliano e altaico, e ainda, em muitas outras áreas da poesia universal. Faz parte, por exemplo, do princípio inabdicável da antiga arte verbal chinesa; constitui a base do verso cananeu e, particularmente, do antigo verso bíblico. Mas também naqueles sistemas de versificação nos quais o paralelismo gramatical não consta entre as regras obrigatórias, não há dúvida acerca da sua função cardinal na construção dos versos. As teses programáticas do pesquisador vigoram para todas as formas poéticas: "A investigação do paralelismo verbal deverá ocorrer em diversas direções. Algumas vezes trata-se da relação *conteudística* dos pares de palavras: segundo quais leis (psicológicas) tem lugar a paralelização. Ademais, que concordância *formal* se estabelece entre palavras (ou elementos) paralelos. Ganha também grande importân-

---

(1) Wolfgang Steinitz, *Der Parallelismus in der finnisch-karellischen Volksdichtung*, FF Communications N° 115, Helsinki 1934. *N. do T.*: O original do ensaio de Jakobson fez parte de uma publicação em honra do estudioso Wolfgang Steinitz.

cia a constatação das categorias *gramaticais* que são paralelizadas. Ainda, devem ser investigadas as categorias conceituais que são paralelizadas, assim como as relações que se estabelecem entre paralelismo verbal e aliteração" (*op. cit.*, p. 179, grifos do original).

Estes problemas surgem quando da leitura cuidadosa do poema brechtiano *Wir sind sit* ["Nós somos ele"], um exemplo modelar daquelas renovações artísticas do poeta, que ficaram claramente caracterizadas no seu ensaio *Über reimlose Lyrik mit unregelmässigen Rhythmen* ["Sobre lírica sem rima com ritmos irregulares"] (*Das Wort* ["A Palavra"], 1939; agora também publicado em *Versuche* ["Ensaios"] 27-32, caderno 12, Berlim 1961, 137-143). A supressão da rima e da norma métrica faz com que apareça de maneira especialmente clara a arquitetônica gramatical do verso no poema todo. Nos comentários sobre a criação de Brecht, os recursos artísticos por ele preferidos — contraste de orações relacionadas, paralelismo, repetição, inversão — foram comparados à elucidativa resposta por ele dada à pergunta de um jornalista, acerca de qual teria sido o livro que mais influenciara o poeta; a resposta foi: "O senhor vai rir — a Bíblia" (*Die Dame* ["A Dama"], Berlim, 10.1.1928).

O poema acima citado está composto de quatro estrofes, correspondentes aos "quatro agitadores" da peça didática de Brecht, que repetem, perante o tribunal do "coro de controle", a conversa que mantiveram com o "jovem camarada" por eles assassinado: "Três deles se colocam diante do quarto agitador; um dos quatro representa o jovem camarada". A primeira estrofe reproduz a fala do jovem camarada, as três restantes estrofes são postas na boca dos agitadores, sendo que, segundo as indicações do autor, "o texto dos três agitadores pode ser dividido" (354). O comprimento das quatro estrofes é diferente: os dois quartetos (I, II) são seguidos de uma estrofe de oito versos (III) e de uma de cinco (IV). Conforme a pontuação deliberadamente humorística e insistentemente conseqüente de Brecht, as estrofes com menor quantidade de versos, ou seja, as primeiras duas estrofes, contêm quatro períodos (*sentences*) cada uma, e as estrofes com mais de quatro versos, ou seja, as duas últimas estrofes, contêm só três. Os quatro períodos interrogativos da primeira estrofe, que ocupam um verso cada um, são respondidos pela segunda estrofe com períodos afirmativos, também de um verso cada um. Tanto a terceira quanto a quarta estrofe finalizam com dois períodos exclamativos, sendo que a oração interrogativa da quarta estrofe faz lembrar as quatro interrogações da primeira estrofe. O primeiro período da terceira estrofe tem, por sua vez, um parentesco íntimo com os quatro períodos afirmativos da segunda estrofe, dado pela sua própria forma enunciativa. Esta peculiaridade sintática, assim como toda uma série de outras particularidades gramaticais, evidenciam a composição fechada do poema. O seguinte esquema reproduz as analogias sintáticas dentro das estrofes:

I ????   II ....
IV ?!!   III .!!

O arquivo Bertolt Brecht de Berlim pôs à nossa disposição, gentilmente, o mesmo texto em duas variantes diferentes, que surgiram no decorrer do trabalho de Brecht na sua peça didática *Die Massnahme* ["A Medida"] (a primeira variante traz a assinatura 460/33; a segunda, a assinatura 401/32-33). Comparando-se as duas variantes entre si e confrontando a versão incluída no texto impresso da peça com a redação definitiva do poema incluído no livro *Lieder Gedichte Chöre* ["Cantos Poemas Coros"], observa-se que o fraseado original do texto diferia da redação posterior. Tanto nas duas variantes do arquivo Brecht, como no texto impresso da peça, não constava ainda ponto no final do verso 7 *In deinem Anzug steckt Sie, Genosse, und denkt in deinem Kopf* ["Ele veste sua roupa, camarada, e pensa na sua cabeça"], sendo que Brecht em geral omitia teimosamente a vírgula no fim dos versos. Na versão manuscrita mais antiga, o verso 18 era assim: *aber* wer weiss ihn? und *wenn ihn einer weiss* ["mas *quem o conhece? e* se alguém o conhece"], mas as palavras datilografadas, aqui em destaque, foram posteriormente riscadas pelo próprio autor. No texto primitivo, a repartição dos períodos nas estrofes era a seguinte:

I ????   II ...
IV ??!!   III .!!

O denominador comum das estrofes I e II poderia ser formulado, portanto, do seguinte modo: todos os períodos compreendem um verso cada, e são, dentro da estrofe, sintaticamente homogêneos; as estrofes III e IV acabam com dois períodos exclamativos cada uma; as estrofes I e IV contêm, cada uma, quatro períodos e as estrofes II e III, três cada uma; afora os dois períodos exclamativos, que fecham tanto a terceira, como a quarta estrofe, todos os restantes da primeira e da quarta estrofe são interrogativos, assim como são afirmativos os da segunda e terceira estrofes.

Não só a distribuição de tipos de períodos gramaticalmente diferentes, mas também, e sobretudo, a distribuição das categorias gramaticais dentro das quatro estrofes, mostra claramente que o poema está estruturado em dois pares de estrofes, num par inicial e num par final. As concordâncias gramaticais existentes entre as duas estrofes de cada um destes pares podem ser consideradas como correspondências "intraparitárias" [*Binnenpaar-Entsprechungen*]. Tais correspondências intraparitárias aparecem tanto no par inicial, como no par final. Por outro lado, podem ser verificadas peculiaridades gramaticais que são próprias a duas estrofes de pares diferentes; em outras palavras, trata-se de correspondências "interparitárias" [*Zwischenpaar-Entsprechungen*]. É significativo que o poema *Wir sind sie* ["Nós somos ele"] não apresente, propriamente, concordâncias gramaticais entre as duas estrofes pares ou entre as duas estrofes ímpares, embora haja traços comuns que unam a segunda estrofe com a terceira e a primeira estrofe com a quarta. Isto quer dizer que os dois pares de estrofes não estão enlaçados, neste caso, mediante uma simetria direta, mas mediante uma simetria especular, sendo que as quatro estrofes constituem um todo gramatical fechado: a primeira estrofe está em correlação com a segunda, a segunda com a terceira, a terceira com a quarta, e a quarta com a primeira. As correspondências gramaticais entre a estrofe inicial e a estrofe final serão chamadas, daqui em diante, correspondências periféricas; as correspondências entre a segunda e a terceira estrofe serão chamadas correspondências centrais. Da comparação da distribuição dos períodos nas estrofes nas diferentes redações se deduz que, no texto primitivo, houve preferência pelas correspondências interparitárias, enquanto que a versão final dava primazia às correspondências intraparitárias.

O trecho seguinte do texto, o que se segue à conversação entre o "jovem camarada" e os "agitadores", aqui reproduzida, ou seja, o coro *Lob der Partei* ["Louvor do Partido"], destina-se a ter, na peça de Brecht, assim como as restantes tiradas do coro de controle, um papel meramente organizador, estratégico. Isto se relaciona, por outro lado, com a exigência do poeta de "evitar os matizes melódicos" (352). A procura de uma forma unitária para este coral se evidencia num paralelismo canônico, verdadeiramente bíblico, que serve de fundamento aos primeiros quatro dos seis dísticos deste panegírico:

1 *Der Einzelne hat zwei Augen*
2 *Die Partei hat tausend Augen.*

3 *Die Partei sieht sieben Staaten*
4 *Der Einzelne sieht eine Statd.*

5 *Der Einzelne hat seine Stunde*
6 *Aber die Partei hat viele Stunden.*

7 *Der Einzelne kann vernichtet werden*
8 *Aber die Partei kann nicht vernichtet werden.*

[1 Cada um tem dois olhos
2 O Partido tem mil olhos.

3 O Partido vê sete estados
4 Cada um vê uma cidade.

5 Cada um tem a sua hora
6 Mas o Partido tem muitas horas.

7 Cada um pode ser destruído
8 Mas o Partido não pode ser destruído.]

Deixando de lado a estrita simetria gramatical e léxica, cada par de versos se vê soldado por uma tríplice repetição sonora: 1. E*inzelne* — *zwei* — 2. *Partei*; 1. A*ugen* — 2. *tausend* — *Augen;* 3. *Partei* — 4. E*inzelne* — *eine;* 3. *sieht* — *sieben* — 4. *sieht;* 5. E*in-*

zelne — seine — 6. Partei; 7. verrnichtet — 8. nicht — vernichtet.

O poema *Wir sind sie* ["Nós somos ele"], que aparece, na peça didática, antes do panegírico, mas que, na coletânea *Lieder Gedichte Chöre* ["Canções Poemas Coros"], lhe é imediatamente subseqüente, utiliza, não obstante a sua idiossincrática composição, a oposição de construções sintáticas semelhantes de maneira sumamente explícita e o faz, precisamente, mediante o aproveitamento de matéria verbal homogênea:

1 *Wer aber ist die Partei*
4 *Wer ist sie?*

3 *Sind ihre Gedanken geheim,*
ihre Entschlüsse unbekannt?

7 *In deinem Anzug steckt sie, Genosse,*
und denkt in deinem Kopf.

8 *Wo ich wohne, ist ihr Haus,*
und wo du angegriffen wirst, da kämpft sie.

[1 Mas quem é o Partido?
4 Quem é ele?

3 São secretos os seus pensamentos,
desconhecidas as suas decisões?

7 Ele veste sua roupa, camarada,
e pensa na sua cabeça.

8 Onde eu moro é a sua casa,
e onde você é atacado, ele luta.]

O texto está entretecido destas manifestações típicas do paralelismo, como, por exemplo, a repetição de certas palavras ou de grupos inteiros de palavras (cf. 14, 16, 21 *Trenne dich nicht von uns!* ["Não se separe de nós"]), ou a variação de certas palavras, ou seja, o aproveitamento de diversos membros de um paradigma, ou então, de diferentes formações de uma mesma raiz: 2. *in einem Haus*-8. *ihr Haus*; 9., 11. *den Weg*-17. *der Weg*; 9., 15. *wir*-11., 12. *ohne uns*-14., 16., 21. *von uns*; 9. *gehen sollen*-10. *werden gehen*-11. *gehe*; 9. *zeige*-19. *zu zeigen*; 3. *Gedanken*-7. *denkt*;

11. richtigen-15. recht haben; 18. weiss-19. Weisheit-20. weise. [2. numa casa-8.a sua casa; 9.o caminho--11.pelo caminho-17.o caminho; 9.,15.nós-11.,12. sem nós-14., 16., 21. de nós; 9. devemos seguir-10. seguiremos-11.vá (segue); 9.mostre-19. mostrar; 3. pensamentos-7. pensa; 11.certo-15.estar certo; 18.conhece (sabe)-19.saber-20.sábio].

Tanto o polipóton *, quanto o paregménon ** salientam ainda mais as categorias gramaticais, de maneira que a sua distribuição passa a ser um fator primordial no poema todo.

Dentro do texto todo, que contém 142 palavras, a relação quantitativa entre as diferentes classes de palavras apresenta uma série de peculiaridades características. O poema contém 13 nomes substantivos e 40 pronomes substantivos, além de 8 nomes adjetivos e outros tantos pronomes adjetivos, aos quais se juntam 7 formas de artigo (uma "forma-*zero*" do artigo indefinido não consta entre as palavras por nós contadas, que são as efetivamente existentes). Junto à existência de 6 advérbios pronominais se faz notar a total inexistência de advérbios nominais. Entre os verbos contamos 20 verbos lexicais e 13 verbos formais, que se diferenciam dos anteriores não só pela sua construção semântica e pela sua função sintática, mas também pela específica peculiaridade do seu paradigma do presente: *1., 4., 12., 17.ist; 3., 5. sind; 20.sei; 8.wirst; 10. werden; 9.sollen; 15.kannst; 15.können; 19.vermag* [1., 4., 12., 17. é; 3., 5. são-somos; 20. seja; 8. é; 9. devemos; 15. pode; 15. podemos; 19. sabe]. Juntando-se aos 61 pronomes (inclusive os 7 artigos) os 13 verbos formais e as 27 "partículas" (preposições, conjunções, partículas modais), resulta que 101 palavras, ou seja, mais de 70% do total de palavras do poema, correspondem a palavras formais, gramaticais

---

(*) N. do T.: *Poliptóton*: alteração flexional do corpo de palavra, a qual se distingue da alteração referente à criação de palavras pelo fato de não provocar uma alteração do significado próprio das palavras, mas tão só uma alteração da perspectiva sintática. (Heinrich Lausberg, *Elementos de Retórica Literária*, trad. de R. M. Rosado Fernandes, Lisboa 1966, § 280.)

(**) N. do T.: *Paregménon*: a repetição do radical, chamada, nos tempos modernos, *figura etimológica* e considerada, na antiguidade, como pertencente à *derivatio* (*paregménon*), serve para a intensificação da força semântica. (Heinrich Lausberg, *o.c.*, § 281.)

(chamadas por Greimas *mots-outils* [2]). Enquanto nas palavras lexicais (*mots pleins*) os morfemas radicais têm um significado lexical e todos os outros morfemas (afixos) um significado gramatical, formal, nas palavras formais, sejam elas mono ou polimorfemáticas, nenhum dos morfemas tem significado lexical, de maneira que todos os morfemas existentes possuem significado meramente formal[3]. Uma palavra formal não transmite nenhuma característica concreta, material, não nomeia nem descreve qualquer fenômeno; indica, simplesmente, as relações que existem entre os fenômenos, e as determina. Significativamente, neste poema os pronomes predominam sobre os nomes, estabelecendo a ligação do fenômeno determinado com o contexto e com o ato da fala. Neste estilo pronominal, evidentemente, encontra a sua expressão mais cabal a tendência para a "oralidade" [*Sprechbarkeit*] que, intimamente ligada à experiência de Brecht no palco, é descrita no seu estudo *Über reimlose Lyrik mit unregelmässigen Rhythmen* ["Sobre lírica sem rima com ritmos irregulares"]: "Eu pensava sempre na fala. E tinha elaborado para a fala (seja prosa ou verso) uma técnica bem determinada. Eu a denominei "gestual" [*gestisch*]. Isto queria dizer: a fala devia obedecer totalmente ao gesto da pessoa que falava" (p. 139).

Na fala, a natureza dêitica* do pronome é o que mais se aproxima do gesto, e, obviamente, não é por acaso que o autor cita oito versos de Lucrécio, com 16 pronomes, como exemplo evidente de riqueza de elementos gestuais. Pensemos somente nos versos claramente pronominais de Brecht, dos quais o do meio

---

(2) A. J. Greimas, *Remarques sur la description mécanographique des formes grammaticales*, Bulletin d'information du Laboratoire d'analyse lexicologique, II, Besançon 1960.

(3) A essência da pronominalidade foi claramente definida por A. M. Piechkóvski (*Sintaxe russa cientificamente ilustrada*, 7ª edição, Moscou 1956, p. 155): "O paradoxal destas palavras reside portanto no fato de que elas não têm, na verdade, um significado *material*, embora tenham um significado, seja fundamental (radical) — formal —, seja adjuntivo (sufixal) — formal. Disto resulta, por assim dizer, uma 'forma sobre a forma'. É compreensível que, na gramática, tal grupo de palavras (que, por outro lado, existe em qualquer língua e, em todas elas, naturalmente, em proporção desprezível com respeito às palavras restantes) ocupe uma posição absolutamente singular; ...isto é, *duplamente* gramatical, pois que é exclusivamente formal quanto ao significado, sendo nelas o significado radical *o mais geral e o mais abstrato possível* entre todos os significados gramaticais." *N. do T.*: Em russo no original.

(*) *N. do T.*: *Dêixis*: faculdade que tem a linguagem de designar os seres, mostrando-os em vez de conceituá-los. Os vocábulos que assim funcionam, são pronomes, ditos por isso *vocábulos dêiticos*. (J. Mattoso Câmara Jr., *Dicionário de Fatos Gramaticais*, Rio de Janeiro 1956.)

foi tomado como título facultativo do poema. Estes três versos estão constituídos de treze palavras formais, das quais nove são pronomes:

4 *Wer ist sie?*
5 *Wir sind sie!*
6 *Du und ich und ihr — wir alle.*

[4 Quem é ele?
5 Nós somos ele!
6 Você e eu, vocês — nós todos.]

É de esperar que os numerosos pronomes do poema *Wer aber ist die Partei?* ["Mas quem é o Partido?"], porém, especialmente, os 38 pronomes pessoais e as suas correspondentes formas possessivas, ou seja, 51% de todas as palavras declináveis, tenham na estrutura do poema, assim como no seu desenvolvimento dramático, um papel absolutamente essencial.

Às correspondências intraparitárias pertence a aparição da forma feminina *sie* [na tradução, a forma masculina *ele*] e do correspondente possessivo *ihr* [sua] somente na primeira e segunda estrofes: ambas as estrofes contêm quatro exemplos cada uma, sendo que em cada uma delas há dois exemplos num só verso, e um exemplo cada dois versos. Somente na terceira e na quarta estrofes aparecem pronomes pessoais no caso oblíquo: *uns* aparece cinco vezes na terceira estrofe [nos, sem nós, sem nós, de nós, de nós] e quatro vezes na quarta estrofe [no-, nos, conosco, de nós], *dich* aparece duas vezes na terceira estrofe [se, se] e uma vez na quarta estrofe [se]. As duas primeiras estrofes contêm 15 pronomes substantivos no nominativo e nenhum no caso oblíquo. Nas estrofes III e IV, os pronomes *der, die, das* enlaçam a oração principal com a subordinada do verso inicial: 9. *Zeige uns den Weg*, den *wir gehen sollen* e 17. *Dass der kurze Weg besser ist als der lange*, das *leugnet keiner*. [9. "Mostre-nos o caminho *que* devemos seguir" e 17. "Que o caminho curto é melhor que o longo, *isso* ninguém nega"].

Salientaremos ainda, no que se refere às correspondências interparitárias, que o nominativo dos pronomes pessoais e possessivos da primeira e segunda pessoas falta nas estrofes I e IV; enquanto o pronome *du* [você] aparece duas vezes na estrofe II e duas na estrofe III, o pronome *wir* [nós] duas na II e três na III, os pronomes *ich* [eu], *ihr* [vocês] e *dein* [sua] só aparecem, porém, na estrofe II. Além disso, os pronomes interrogativos aparecem somente nas estrofes periféricas: duas vezes (no nominativo) *wer* [quem] na I e uma vez (no acusativo) *was* [que] na IV. Finalmente, a ocorrência do artigo indefinido *einer* [alguém] na estrofe IV pode ser considerada como eco do artigo indefinido da estrofe I, onde aparece a forma *ein* [uma] e a forma-zero do plural: *2. in einem Haus mit Telefonen* ["numa casa com telefones"].

O poema contém 13 substantivos, dos quais somente o vocativo *Genosse* [camarada], que fica propriamente por fora das orações, apresenta a categoria da animação. Dos restantes 12 substantivos, quatro aparecem no nominativo no primeiro par de estrofes e dois no segundo par; quantidades semelhantes (4+2) aparecem no caso marcado, ou seja, no caso oblíquo. Destes, três substantivos abstratos, *2. Gedanken, Entschlüsse; 19. Weisheit* [2. pensamentos, decisões; 19. saber] e um coletivo, *1. Partei* [1. Partido] aparecem somente no nominativo, e pertencem exclusivamente às estrofes periféricas, enquanto os substantivos inanimados propriamente ditos aparecem somente em combinações preposicionais no dativo, e só no primeiro par de estrofes, ou então, aparecem primeiramente num caso oblíquo, e adotam a forma nominativa na passagem para a estrofe seguinte: esta é a imagem estática do par inicial *2. in einem Haus — 8. ist ihr Haus* [numa casa — é a sua casa], e a imagem dinâmica do par final *9. den Weg — 11. den richtigen Weg — 17. der kurze Weg* [o caminho — pelo caminho certo — o caminho curto]. Como comentário à margem, veja-se ainda que os substantivos femininos só aparecem nas frases interrogativas das estrofes periféricas: *1. die Partei? — 19. Weisheit?* [o Partido? — saber?].

Dos pronomes substantivos da terceira pessoa, todos, sem exceção, se referem a um substantivo ina-

nimado: sie = *die Partei;* er = *der Weg* [ele = o
Partido, o caminho]. Juntamente com o pronome interrogativo *1., 4. wer* [quem], que inicia o texto, o
emprego da anáfora *2., 4. sie* [ele] (e *ihre* [suas])
em lugar do substantivo *Partei* [Partido], anuncia a
passagem para a categoria do animado, que é consumada logo no começo da segunda estrofe pela igualação do *sie* [ele] com o *wir* [nós] e, nas duas estrofes
finais, pelo deslocamento do primeiro pronome pelo
segundo. A força de convicção de tal metamorfose é
apoiada pela aproximação sinedóquica deste *sie* [ele]
aos pronomes pessoais singulares propriamente ditos:
*7. In deinem Anzug steckt sie, Genosse, und denkt in
deinem Kopf./ 8. Wo ich wohne, ist ihr Haus, und wo
du angegriffen wirst, da kämpft sie.* ["Ele veste sua
roupa, camarada, e pensa na sua cabeça"./"Onde eu
moro, é a sua casa, e onde você é atacado, ele luta".]

Somente na primeira estrofe há substantivos no
plural: *2. mit Telefonen* [com telefones], *3. Gedanken* [pensamentos], *Entschlüsse* [decisões]. Estes
plurais preparam igualmente o campo para os plurais
dos pronomes pessoais, cedendo-lhes depois o posto
nas estrofes II-IV, especialmente às formas *wir*
[nós] (II-III) e *uns* [nos] (III-IV). No verso *6. Du
und ich und ihr — wir alle* ["Você e eu, vocês — nós
todos"], o pronome *wir* [nós] inclui não somente o
orador *ich* [eu] e o diretamente interpelado *du*
[vocês], mas também uma grande quantidade de interpelados anônimos — *ihr* [vocês]. Uma implicação
recíproca une a todo o transe as formas *du* [você] (II
e III) e *dish* [se] (III-IV) com as formas *wir* [nós]
(II e III) e *uns* [nos] (III-IV). O *ich* [eu] requer a
participação do *du* [você] no mesmo verso: *6. Du und
ich,...* [você e eu,...] *8. Wo ich... und wo du...*
[onde eu... e onde você...]. Na segunda estrofe,
tanto o *ich* [eu] como o *du* [você] são partes do coletivo *wir alle* [nós todos]; sendo que aqui o *wir*
[nós] é posto em pé de igualdade com cada uma destas partes, e, mais ainda, *wir* [nós] é parte inseparável
tanto do *du* [você] como do *ich* [eu]. Contudo, se
o *du* [você] desta estrofe é uma *pars pro toto* assim
como o *wir* [nós] é um *totum pro parte,* esta relação
muda radicalmente nas estrofes seguintes: a concordân-

cia sinedóquica interna se transforma, de repente, numa afinidade metonímica externa e se intensifica num conflito trágico, entre o individual e o coletivo: chega-se a uma "traição", como Brecht chamou a toda esta cena da sua peça, da qual fazem parte estes versos. O *wir* [nós] inclusivo, que inclui o interpelado, é suplantado pelo *wir* [nós] exclusivo, que é confrontado com a segunda pessoa[4]. A labilidade semântica e a contraditoriedade interna, que são inerentes ao pronome da primeira pessoa do plural, passam a ser o *Leitmotiv* do *Lied des Kulis* ["Canção do cule"], que Brecht tinha incluído originalmente (1930) na sua peça *Die Ausnahme und die Regel* ["A exceção e a regra"] (cf. *Versuche* ["Ensaios"] 22/23/24, caderno 10, Berlim 1961, 156 ss.), mas que posteriormente foi impresso de maneira independente, sob o significativo título *Lied vom ich und wir*) ["Canção do eu e nós"] (cf. *Gedichte* ["Poemas"], Frankfurt a. M. 1961, 211). A estrofe final desta canção põe a nu a temática metalingüística, pronominal:

> *Wir und ich: ich und du*
> *das ist nicht dasselbe.*
>
> *Wir erringen den Sieg*
> *Und du besiegst mich.*
>
> [Nós e eu: eu e você
> não é a mesma coisa.
> Nós conquistamos a vitória
> E você me vence."]
> E você me vence.]

As formas *du* [você] e *wir* [nós] passam da segunda à terceira estrofe, mas além do nominativo, único caso dos pronomes pessoais nas primeiras duas estrofes, aparecem na terceira estrofe o acusativo

---

(4) Na adaptação do diálogo para o palco, a relação recíproca entre o você e o nós, entre o "jovem camarada" e os "quatro agitadores", é expressivamente sublinhada pelas indicações do autor: cada um dos quatro intérpretes deverá ter a possibilidade de mostrar uma vez a atitude do jovem camarada; para tanto, cada um dos quatro atores deverá interpretar uma das quatro cenas principais do jovem camarada (p. 534). Esta comutação faz das palavras "embraiadoras" — *shifters* (*N. do T.*: Cf. a tradução francesa de Nicolas Ruwet: *embrayeurs*), que, na linguagem, são representadas, em primeira linha, pelos pronomes pessoais, verdadeiros artifícios; cf. o nosso estudo *Shifters, verbal categories and the Russian verb*, Cambridge, Mass. 1957, 1, 5.

14., 16. dich [se] ao lado do nominativo *10., 15. du* [você], e a forma acusativa-dativa *9., 11., 12., 14., 16. uns* [nos, nós, nós, nós, nós] ao lado do nominativo *9. bis 15. wir* [nós]; além disto, um novo motivo central — *der Weg* [o caminho] — adquire aqui uma designação anafórica no nominativo *12. er* [ele] e no acusativo *10. ihn* [o]. Assim, os participantes pronominais do assunto do poema aparecem pela primeira vez na terceira estrofe no papel de objetos da ação. Deve ser salientado o fato de que, dos oito verbos lexicais da terceira estrofe, seis regem o acusativo, assim como acontece com todos os cinco verbos lexicais da quarta estrofe; ao passo que, nas duas estrofes iniciais, não aparece nenhum acusativo nem dativo carente de preposição, sendo que a construção transitiva é substituída por uma forma passiva: *8. wo du angegriffen wirst* ["onde você é atacado"]. Às construções preposicionais das estrofes iniciais falta qualquer dinâmica: *2. in einem Haus mit Telefonen* ["numa casa com telefones"], *7. in deinem Anzug... in deinem Kopf* ["sua roupa... na sua cabeça"]. Em contraposição, quase todas as formas dos casos das duas últimas estrofes se agrupam em redor do motivo ablativo da separação: *11. Gehe nicht ohne uns* ["Não vá sem nós"]; *12. ohne uns* [sem nós]; *15., 16., 21. Trenne dich nicht von uns!* ["Não se separe de nós!"]. Dentro das duas estrofes iniciais, só substantivos aparecem em casos oblíquos, e mesmo assim, só em conexão com preposições, enquanto que nas duas estrofes finais somente os pronomes se ligam às preposições.

As perguntas e respostas das duas estrofes iniciais se ocupam das relações íntimas dos fenômenos, independentemente do seu desenvolvimento futuro e de possíveis conclusões práticas; na terceira estrofe, ao contrário, os dois focos do esquema — *du* [você] e *wir* [nós] assim como a resultante destas duas forças — *er* [ele], ou seja, o caminho procurado, aparecem sucessivamente em diversos encurtamentos de perspectiva. O tema das colisões e da sua superação é cada vez mais penetrante. Na estrofe final desaparece por completo o auto-suficiente nominativo dos três pronomes, e deixa o seu lugar para a totalidade das formas oblíquas *21. dich* [se], *18. ihn* [o] e *19.bis, 20., 21. uns* [no-, conosco, de nós]. E se, por um lado, o pronome anafórico *sie*

[ele] (*4. Wer ist sie?* [Quem é ele?]), marcadamente impessoal, é substituído, na segunda estrofe, pelo pronome pessoal *wir* [nós], por outro, na quarta estrofe, o pronome pessoal *au* [você] é substituído polemicamente pelo nominativo despersonalizante *18. einer* [alguém].

Também fazem parte das inovações que distinguem as estrofes finais das iniciais as comparações sintáticas, a confrontação de dois fatores separados de repente: *wir/10. werden ihn gehen wie du* ["nós/o seguiremos como você"], ou de dois caminhos opostos, dos quais "nós" seguiremos um e "você" o outro: *17. der kurze Weg besser ist als der lange* ["o caminho curto é melhor que o longo"]. Seja dito de passagem que, na versão impressa na peça didática, aparece *wie der lange,* e esta forma, própria da linguagem falada, unia sintaticamente a segunda comparação com a primeira.

Da plasticidade das estrofes iniciais, as estrofes seguintes passam a um ataque aberto com repetidas palavras de choque. À seqüência passiva de verbos no modo indicativo, não-marcado, das primeiras estrofes, contrapõem-se, nas estrofes finais (junto a cinco formas verbais indicativas), seis formas verbais imperativas e cinco combinações de verbos modais com o infinitivo: *9. gehen sollen* ["devemos seguir"]; *10. werden gehen* ["seguiremos"]; *15. können irren* ["podemos errar"], *kannst recht haben* ["pode estar certo"]; *19. vermag zu zeigen* ["sabe mostrar"]. De maneira geral, as últimas estrofes se distinguem pela saturação de categorias marcadas: trata-se tanto dos modos e casos portadores de marca, quanto das 20 formas plurais dos pronomes pessoais, contra só três nas duas estrofes iniciais. Significativamente, o verbo formal *werden,* que aparece nas duas estrofes internas, constitui na segunda (com o particípio) a diátese*, mas na terceira (com um infinitivo), uma forma modal: *8. angegriffen wirst* ["é atacado"] e *10. werden gehen* ["seguiremos"].

Pararelamente ao imperativo e às restantes formas modais marcadas, penetram no texto orações negativas, que são estranhas à primeira e à segunda estrofe. A

(*) N. do T.: *Diátese*: o mesmo que *voz* do verbo.

negação *nicht* [não] repete-sc cinco vezes nas estrofes finais. Além disso, aparece na quarta estrofe o pronome negativo *17. keiner* [ninguém] e a pergunta retórica *19. was nützt uns* ["de que nos serve"] com o significado *"es nützt uns nicht"* ["não nos serve"].

Todas as denominações pronominais dos heróis estão acompanhadas de ressonâncias aumentativas no contexto do poema. Conseqüentemente, a forma *2. Ist sie* ["está ele"] da primeira versão (460/33) permaneceu provisoriamente no manuscrito datilografado da segunda (401/33) e foi depois riscada, para ser substituída por uma forma nova, escrita a lápis: *Sitzt sie* ["Está sentado"]. Assim também reza a versão final das duas estrofes iniciais: *2.* Si*zt* sie — *3.* Si*nd 4.* sie / — *5.* si*nd* sie / — *7.* sie — *8.* sie. É característico o fato de que a combinação *Wir sind sie* ["Nós somos ele"], que abre a segunda estrofe, é concebida pelo leitor alemão como violação das normas sintáticas, e de que, nas estrofes seguintes, juntamente com o *sie* [ele], desaparece também o *sind* [são — somos]. O pronome *5. wir* [nós] é co-determinado pela assonância do *1. Wer* [quem] da primeira estrofe. A pergunta que encerra a primeira estrofe, *4. Wer ist sie?* ["Quem é ele?"], é substituída no limiar da segunda estrofe por formas e fonemas paralelos da resposta *5. Wir sind sie* ["Nós somos ele"]. O contexto gramatical e fonologicamente semelhante é sublinhado pelas repetições *5.* w*ir* — *6. Du und* ich *und* ihr — *wir* alle / *8.* Wo — wo*hne* — wo — wir*st*. A terceira estrofe cria uma estreita relação aliterativa entre as palavras *wir* [nós] e *Weg* [caminho], das quais a segunda passa também à estrofe seguinte, de maneira que ambas as estrofes ficam entrelaçadas mediante uma trama de consoantes iniciais idênticas: *9.* W*eg* — w*ir* — w*ir* / — *10.* W*erden* — w*ie* — *11.* W*eg* / — *15.* W*ir* — *17.* W*eg* — *18.* w*enn* — w*eiss* — *19.* w*as* W*eisheit* / — *20.* w*eise*. A forma pronominal de caso oblíquo *uns*, que transpassa as duas estrofes finais, é antecipada e apoiada pela repetição da conjunção *und*, que lhe serve de ressonância: *6.* un*d* — un*d* — *7.* un*d* — *8.* un*d* — *9.* un*s* — un*d* — *11.* un*s* — *12* un*s* — *14.* un*s* / *15.* un*d* — *16.* un*s* / — *19.* Un*d* — un*s* — un*s* — *20.* un*s* — *21.* un*s* /.

A suspeita acerca do domicílio do Partido e acerca do mistério dos seus desígnios e das suas decisões, que ecoa nas insistentes perguntas da primeira estrofe, é enfrentada da maneira mais decidida possível pelas assonâncias da estrofe seguinte: *1....die Partei? 2....in einem Haus...?/ 3.... Gedanken geheim?,... unbekannt? — 7. In deinem Anzug steckt sie, Genosse, und denkt in deinem Kopf. / 8.... angegriffen...* kämpft. Não "numa casa", mas na "sua roupa" está o Partido, "na sua cabeça" pensa o Partido. Assim responde a peculiar rima rica da segunda estrofe [*einem / deinem*], sendo que o *d* inicial do pronome da segunda pessoa atravessa esta e as estrofes seguintes: *6. Du — 7. deinem-denkt-deinem — 8. du-da — 9. den Weg, den — 10. du — 11. den — 13. Der — 14. dich — 15. du — 16. dich — 17. Dass der — der — das — 21. dich.*

A cadeia de ditongos idênticos (*Partei — in einem — geheim*), mediante a qual são unidas as insinuações do jovem camarada acerca da alienação do Partido, é aparada pela dupla confirmação da inquebrável ligação entre ele e o Partido: *7 — in deinem* etc.

O contraste *2. einem —7. deinem* [uma — sua] das estrofes iniciais encontra o seu eco no contraste inverso da estrofe final *17. keiner — 18. einer* [ninguém — alguém]. Se, de um lado, o Partido se transforma do inexpressivo *sie* [ele] da primeira estrofe no plural personalizado *wir* [nós] das seguintes, de outro, em contraste, o pronome pessoal *du* [você] das duas estrofes centrais é substituído por um pronome degradante, indefinido: *einer* [alguém]. Somente nas estrofes pares aparecem pronomes universais: o positivo *alle* [todos] em II e o negativo *keiner* [ninguém] em IV — talvez o único exemplo de simetria direta entre os pares de estrofes do poema, se deixarmos de lado a alternância dos casos marcados nas estrofes ímpares com o nominativo dos mesmos nomes nas estrofes pares seguintes (veja-se acima).

Mas, em contraste com a solidariedade entre o *wir* [nós] e o *alle* [todos] da segunda estrofe, os pronomes *keiner* e *einer* [ninguém e alguém], que Peirce considera pertencentes, respectivamente, aos *universal*

145

selectives e aos *particular selectives*[5], constituem uma profunda antinomia. A separação entre o jovem camarada e o Partido, que ocasionou, na primeira estrofe, a pergunta acerca da alienação do Partido, sugere, perto do fim do poema, a conclusão fatal acerca da alienação do próprio camarada. O pronome *keiner* [ninguém], salientado por um quiasmo* das aliterações — *17. Dass der kurze Weg besser ist als der lange, das leugnet keiner* — e, por outro lado, o pronome *einer* [alguém] e o correspondente possessivo *seine* [seu], estes três nominativos pronominais conferem à estrofe toda um *Leitmotiv* ditongal uniforme: *17. leugnet keiner / — 18. einer weiss / — 19. zeigen — seine Weisheit / — 20. Sei bei uns weise!*[6]. Em cada um destes quatro versos ressoa, sob a tônica final, o mesmo ditongo, retomando o dífono da coda do primeiro verso: *Wer aber ist die Partei?* O mesmo ditongo acompanha, no subseqüente decurso do poema, o desenvolvimento do mesmo tema na seguinte réplica do coro de controle *Lob der Partei* ["Louvor do Partido"]: *1. Der Einzelne hat zwei Augen / 2. Die Partei hat tausend Augen / 3. Die Partei — 4. Der Einzelne eine — 5. Der Einzelne-seine — 6. die Partei — 7. Der Einzelne — 8. die Partei.*

A mencionada generalização do ditongo /ai/ na última sílaba tônica dos quatro primeiros versos da estrofe quatro do poema *Wir sind sie* ["Nós somos ele"] faz parte só da redação final: tanto os manuscritos mais antigos, como o texto impresso da peça didática *Die Massnahme* ["A Medida"] apresentam, no vigésimo verso, uma seqüência de palavras diferente: *Sei weise bei uns!* Esta versão conservava um estreito

---

(5) Charles Sanders Peirce, *Collected Writings II*, Harvard University Press 1932, 164.

(*) N. do T.: *Quiasmo*: ordenação cruzada dos elementos componentes de dois grupos de palavras, contrariando assim a simetria paralelística. (Fernando Lázaro Carreter, *Diccionario de Términos Filológicos*, Madrid, c. 1953.)

(6) O fato de a distribuição dos ditongos, especialmente do ditongo /ai/, no poema *Wir sind sie* ("Nós somos ele"), não ser nem longinquamente casual, pode ser demonstrado com base em dados estatísticos. Na quarta estrofe, de 41 sílabas, 10 contêm o ditongo /ai/: em particular, das cinco sílabas do vigésimo verso, três contêm o ditongo, enquanto que só três destes ditongos correspondem às 38 sílabas da primeira estrofe. A segunda estrofe, que está constituída de 45 sílabas, só apresenta dois ditongos. A terceira estrofe só contém um ditongo, e este, na primeira das suas 56 sílabas.

paralelismo com o verso seguinte: *21. Trenne dich nicht von uns!* e uma clara paronomásia tríplice: *18. einer weiss / — 19. seine Weisheit / — 20. sei weise* [18. "conhece" (sabe) — 19. "seu saber" — 20. "seja sábio"]. Por outro lado, a redação final reforça o paregménon, pois faz com que estes três versos consecutivos acabem com palavras aparentadas e de sonoridade semelhante, salientando assim o membro central e a coda central desta estrofe de cinco versos.

1. Die Partei [o Partido], o primeiro substantivo do poema, e o último nome, *19. Weisheit* [saber], ambos no mesmo caso, diferenciam-se de outros nomes substantivos também por pertencerem ao mesmo gênero; fazem com que ambos os versos, nos quais aparecem, acabem com o mesmo ditongo e surgem em ambos no fim de perguntas, a primeira e a última pergunta do texto todo, a pergunta acêrca do Partido, que tanto comove o renegado (*1. Wer ist die Partei?* ["Quem é o Partido?"]), e a pergunta, levantada em nome do Partido, acerca do sutil renegado. Nomes abstratos ligam o terceiro verso da estrofe inicial ao terceiro verso da estrofe final. A estrofe introdutória põe em questão as intenções ocultas do Partido: *3. Sind ihre Gedanken geheim, ihre Entschlüsse unbekannt?* ["São secretos os seus pensamentos, desconhecidas as suas decisões?"]. A estrofe final reage a isto com uma pergunta já respondida de antemão, sobre se a perspicácia das intenções individuais ocultas é de utilidade social: *19. was nützt uns seine Weisheit?* ["de que nos serve o seu saber?"].

As leis mencionadas na citação de Arnold Zweig em epígrafe, referentes à interferência e ao entrecruzamento, ficam ilustradas claramente pelo poema estudado. A arquitetônica gramatical do poema liga dois princípios de articulação: o princípio da articulação do poema em dois pares de estrofes, ou seja, uma dicotomia dupla, com outro princípio que, ao contrário do anterior, não pressupõe a multiplicidade e se constitui, portanto, num princípio centralizador. A primeira, a segunda e a quarta estrofe contêm, cada uma, quatro orações (*clauses*) independentes com verbo finito, enquanto que a terceira estrofe contém quatro destas orações no primeiro período completo (Versos III-1. — III-5.) e quatro nos dois períodos completos seguintes (Versos III-6. — III-8.). Desta maneira, o poema se decompõe em cinco grupos sintáticos simétricos, cada qual composto de quatro orações independentes. Somente nos três últimos grupos aparecem orações imperativas, duas das quatro orações independentes de cada grupo: a primeira e a terceira do terceiro grupo, a primeira e a quarta do quarto grupo, a terceira e a quarta do quinto grupo:

1) *ist — sitzt — sind — ist*
2) *sind — steckt & denkt — ist — kämpft*
3) zeige — *werden gehen* — gehe nicht — *ist*
4) Trenne dich nicht — *können* — kannst — trenne dich nicht
5) *leugnet — nützt* — sei — trenne dich nicht

[1) é — está sentado — são — é
2) somos — veste & pensa — é — luta
3) *mostre* — seguiremos — *vá* — é
4) não se separe — *podemos* — pode — *não se separe*
5) nega — serve — *seja* — não se separe].

Deve ainda ser mencionado que, originalmente (no manuscrito 401/33), o terceiro e o quarto grupo estavam separados por um espaço, mas o lápis corretor do poeta riscou este espaço, entre os versos 13 e 14.

Destes cinco grupos de quatro, os três grupos ímpares se distinguem pela presença do adversativo *aber* [mas], e somente dentro destes grupos ímpares aparece, imediatamente próximo à conjunção, o artigo definido. Este artigo salienta os dois substantivos centrais do poema todo — *Partei* [Partido] e *Weg* [caminho] — e os coloca em discussão. Segundo a sua função, o artigo coincide com o pronome demonstrativo analógico, enquanto se identifica semanticamente com a palavra latina *ille*. Na estrofe inicial do poema *Wer aber ist die Partei?* ["Mas quem é Partido?"], o substantivo que aparece no título é introduzido pelo nominativo do artigo definido. Imediatamente após a pergunta introdutória, segue a interrogação paralela do segundo verso, com dois artigos indefinidos no dativo, a forma *einem* (numa) e a forma-zero do plural: 2. *Sitzt sie in einem Haus mit Telefonen?* ["Está sentado numa casa com telefones?"]. É significativo que fique caracterizada pelo artigo indefinido justamente aquela pergunta que, na estrofe seguinte, será posta de lado: 8. *Wo ich wohne, ist ihr Haus* ["Onde eu moro é a sua casa"].

Correspondentemente aos três artigos gramaticais do primeiro dos grupos ímpares, o segundo grupo ímpar (o grupo central) também contém três artigos, desta vez, naturalmente, três artigos definidos do gênero masculino: *Zeige uns* den *Weg.../...aber/Gehe nicht ohne uns* den *richtigen Weg/Ohne uns ist er* der *falscheste.* ["Mostre-nos *o* caminho.../...mas/Não vá sem nós pel*o* caminho certo/Sem nós ele é *o* mais falso"].

Finalmente, no terceiro grupo ímpar, dois artigos definidos, que, novamente, se referem a *Weg* [caminho], ligam-se com o *das* [isso], etimológica e funcionalmente semelhante; e se, no grupo inicial, a conjunção adversativa ia na frente do grupo de três membros e, no segundo grupo ímpar, se colocava no entremeio, no último grupo a mesma conjunção aparece atrás do grupo correspondente: 17. *Dass der kurze Weg besser ist als der lange, das leugnet keiner / Aber...* ["Que o caminho curto é melhor que o longo, isso ninguém nega / Mas..."].

Chama a atenção o fato de aparecerem nomes adjetivos somente nos grupos ímpares: no primeiro e no quinto há, em cada qual, dois exemplos em função predicativa — *3. sind geheim...unbekannt* ["são secretos...desconhecidas"] e *17. besser ist, 20. sei bei uns weise* ["é melhor, seja sábio conosco"]; no terceiro e no quinto grupos há, em cada um deles, dois antônimos em função atributiva, referindo-se uma vez explicitamente a uma palavra, e uma vez implicitamente: *11. Gehe nicht ohne uns den* richtigen *Weg / 12. Ohne uns ist er/ 13. Der* falscheste *(Weg)* e *17. Dass der* kurze *Weg besser ist als der* lange *(Weg).* ["11. Não vá sem nós pelo caminho *certo* / 12. Sem nós ele é / 13. O mais *falso* (caminho) e 17. Que o caminho *curto* é melhor que o *longo* (caminho).]

Mostra-se assim que a valorização está ligada da maneira mais estreita possível aos trechos ímpares, aos entroncamentos da controvérsia. O segundo dos três grupos ímpares, o trecho central do poema todo, reúne todas as suas quatro orações, a saber, alternadamente, duas imperativas e duas enunciativas, num único período, o mais longo do poema. A oração imperativa negativa que se segue à conjunção adversativa, e que está enquadrada por duas orações afirmativas, além de corresponder exatamente ao verso central do poema todo, se constitui também na sua "oração-guia" [*Leitsatz*]: *GEHE NICHT OHNE UNS DEN RICHTIGEN WEG* ["*NÃO VÁ SEM NÓS PELO CAMINHO CERTO*"] —, enquanto que os dois *aber* ["mas"] periféricos introduzem orações interrogativas simétricas.

O jogo dialético dos antônimos converte imediatamente este caminho certo no mais falso dos caminhos, *wenn ihn einer weiss / Und vermag ihn uns nicht zu zeigen* ["se alguém o conhece / E não no-lo sabe mostrar"]. A didática do poema é conscientemente ambivalente e encerra no seu âmago um conflito inevitável. A dúvida — *wer weiss* ["quem sabe"] — foi riscada pelo poeta, e parecia ser atribuído à segunda pessoa o conhecimento do caminho mais curto e seguro, *den wir gehen sollen und wir werden ihn gehen* ["que devemos seguir, e nós o seguiremos"] tão logo nos seja mostrado. Parecia tratar-se aqui, meramente, de uma só coisa: não vá sozinho, mas mostre-nos o seu caminho certo! Os participantes da peça didática dão, porém, a estes versos, um sentido profundamente multívoco. As palavras — *Wir können irren und du kannst recht haben* ["Nós podemos errar, e você pode estar certo"] — são tomadas pelo jovem camarada ao pé da letra: "Visto que tenho razão, não posso ceder". Os conselheiros do jovem camarada interpretam, porém, a exortação "mostre-nos o caminho certo", como uma ordem: "mostre-nos, demonstre-nos a retidão do caminho tomado" (*procure convencer-nos*), e a sua severa sentença diz: *Você não nos convenceu*.

O sedutor pedido — *Zeige uns den Weg, den wir gehen sollen* ["Mostre-nos o caminho que devemos seguir"] — soa, na realidade, como uma pergunta repressiva — *devemos ir por este caminho?* — e a solene promessa — *und wir / Werden ihn gehen wie du* ["e nós / O seguiremos como você"] — se converte numa proibição terminante de prosseguir pelo caminho tomado. *Das sichere ist nicht sicher'* ["O seguro não é seguro"], diz o poeta em *Lob der Dialektik* ["Louvor da dialética"]. Da premissa *Wir können irren, und du kannst recht haben* ["Nós podemos errar, e você pode estar certo"], não se conclui, de maneira alguma, a aceitação do caminho que é o certo para você, mas se segue a ordem: *also / Trenne dich nicht von uns!* ["portanto / Não se separe de nós!"]. O viandante, que não deu ouvidos a este tríplice mandamento, está, então, irreparavelmente condenado: *Dann muss er verschwinden, und zwar ganz* ["Então ele deve desaparecer, e totalmente"] (p. 347).

"Eu não achava que fosse meu dever neutralizar formalmente todas as desarmonias e interferências que sentia intensamente", escrevia Brecht acerca das fontes da sua poesia dramática (*Über reimlose Lyrik...*, p. 138). "Tratava-se, como pode ser visto nos textos, não somente de 'nadar contra a corrente' no sentido formal, de protesto contra a lisura e a harmonia do verso convencional, mas, antes, já da tentativa de mostrar os fenômenos que se dão entre os homens como fatos cheios de contradições, estremecidos pelas lutas, violentos."

(*Tradução de George Bernard Sperber*)

NÓS SOMOS ELE

Bertolt Brecht

Mas quem é o Partido?
Está sentado numa casa com telefones?
Tem pensamentos secretos, decisões misteriosas?
Quem é ele?
Nós somos ele.
Você e eu, vocês — nós todos.
Ele veste tua roupa, camarada, e pensa com tua cabeça.
Onde eu moro, ele mora, onde você é batido, ele se bate.
Mostre o caminho a seguir, e nós
O seguiremos como você, mas só conosco
Você vai pelo caminho reto,
Sem nós
O caminho é torto.
Não se aparte de nós!
Nós podemos errar e você estar certo, por isto
Não se aparte de nós!
O caminho curto é melhor que o longo, quem o nega?
é óbvio,
Mas se alguém conhece o rumo
E não o sabe indicar aos outros, seu saber é oco.
Seja sábio conosco!
Não se aparte de nós!

(Tradução de Haroldo de Campos)

DECADÊNCIA DO CINEMA?*

"Somos indolentes e pouco curiosos." As palavras do poeta são válidas ainda hoje.

Assistimos à gênese de uma nova arte. Ela cresce a olhos vistos. Desvincula-se da influência das artes precedentes; começa já a influenciá-las. Cria suas normas, suas leis e em seguida, com determinação, as subverte. Torna-se um poderoso instrumento de propaganda e de educação, um fato social cotidiano, de massa; ultrapassa nesse sentido todas as outras artes.

Para a ciência da arte tudo isso é perfeitamente indiferente. Um colecionador de quadros e de outras raridades se interessa apenas pelos velhos mestres; de

(*) *N. do T.*: Trabalho publicado em Praga, em 1933.

nada adianta ocupar-se da gênese e da autonomização do cinema, quando podem formular-se apenas vagas hipóteses sobre a origem do teatro, sobre o caráter sincrético da arte pré-histórica; quanto mais escasso o número de testemunhos conservados tanto mais emocionante a tarefa de reconstruir a evolução das formas artísticas. Ao estudioso a história do cinema afigura-se muito banal; ela é mera e verdadeira vivissecção, enquanto que seu *hobby* é a atormentada pesquisa de antigüidades. De resto, não é impossível que logo a pesquisa dos testemunhos cinematográficos de hoje transforme-se numa tarefa digna do arqueólogo: os primeiros decênios do cinema já se tornaram uma "era de fragmentos" e, por exemplo, dos filmes franceses anteriores a 1907, segundo afirma um especialista, não restou quase nada, com excersão das películas de Lumière.

Mas o cinema é realmente uma arte autônoma? Qual é o seu protagonista específico? Com que material trabalha essa arte? Para o diretor soviético Liev Kulechóv material cinematográfico são precisamente os objetos reais. O diretor francês Louis Delluc já tinha intuído perfeitamente que até o homem no cinema é "um mero detalhe, um mero fragmento do material do mundo".

Por outro lado, o signo é material de todas as artes, e para os cineastas é evidente a essência sígnica dos elementos cinematográficos: "a tomada deve agir como signo, como letra", sublinha o mesmo Kulechóv. É por isso que nas reflexões sobre o cinema fala-se sempre metaforicamente de linguagem do cinema, até mesmo de "cine-frase" com algo de sujeito e predicado, de orações cinematográficas subordinadas (Boris Eikhenbaum), de elementos verbais e substantivos no cinema (A. Beucler), e assim por diante. Há contradições entre estas duas teses: o cinema opera com o objeto — o cinema opera com o signo? Alguns especialistas respondem afirmativamente a essa pergunta; refutam portanto a segunda tese e, dado o caráter sígnico da arte, não reconhecem o cinema como arte. A contradição entre as duas teses referidas já foi removida, se quisermos, por Santo Agostinho. Esse genial pensador do V século, que distinguia sutilmente o objeto (*res*) do signo (*signum*), afirma que ao lado dos signos, cuja função essencial é significar alguma coisa, existem os objetos, que podem ser usados com função de signos. O objeto (óptico e acústico) transformado em signo é, na verdade, o material específico do cinema.

Podemos dizer a propósito de uma mesma pessoa: "corcunda", "narigão", ou então "corcunda narigudo". O tema de nosso discurso é o mesmo nos três casos, mas os signos são diversos. Igualmente, num filme podemos tomar o mesmo homem de costas — ver-se-á a corcunda —, depois de frente — será mostrado o nariz —, ou então de perfil, e assim poderão ser vistos uma e outro. Nessas três tomadas, três objetos funcionam como signo do mesmo sujeito. Quando dizemos do nosso monstrengo simplesmente "corcunda" ou "narigão", desvendamos a natureza sinedóquica da linguagem. É esse o meio analógico do cinema: a câmara vê só a corcunda ou só o nariz.

Pars pro toto é o método fundamental da conversão cinematográfica dos objetos em signos. A terminologia da cenarização, com os seus "planos médios", "primeiros planos" e "primeiríssimos planos", é nesse sentido bastante instrutiva. O cinema trabalha com fragmentos de temas e com fragmentos de espaço e de tempo de diferentes grandezas, muda-lhes as proporções e entrelaça-os segundo a contiguidade ou segundo a similaridade e o contraste, isto é: segue o caminho da *metonímia* ou o da *metáfora* (os dois tipos fundamentais da estrutura cinematográfica). A descrição das funções da luz na *Photogénie* de Delluc, a análise do movimento e do tempo cinematográfico no agudo estudo de Tinianov demonstram com evidência como todo fenômeno do mundo externo se transforma em *signo* na tela. O cão não reconhece o cão pintado, visto que a pintura é essencialmente signo — a perspectiva pictórica é uma convenção, um meio plasmante. O cão late para o cão cinematográfico porque o material do cinema é um objeto real; mas permanece indiferente diante da montagem, diante da correlação sígnica dos objetos que vê na tela. O teórico que nega o cinema como arte percebe o filme apenas como fotografia em movimento, não considera a montagem e não quer levar em conta que, neste caso, trata-se de um particular sistema de signos; o seu ponto de vista é idêntico ao do leitor de poesia para o qual as palavras não têm sentido.

Os opositores inflexíveis do cinema diminuem cada vez mais. Vão sendo substituídos pelos críticos do cinema sonoro. Os *slogans* habituais são do tipo: "O filme falado é a decadência do cinema", "limita notavelmente as possibilidades artísticas do cinema", "die Stilwidrigkeit des Sprechfilms" ["as desvantagens estilísticas do cinema falado"] e coisas parecidas.

A crítica do cinema falado peca sobretudo por generalizações prematuras. Não se considera o fato de que na história do cinema os fenômenos singulares têm um caráter exclusivamente ligado ao tempo, estreitamente limitado do ponto de vista histórico. Os teóricos incluíram precipitadamente o mutismo no complexo das caracerísticas estruturais do cinema, e agora lhes desagrada que a evolução ulterior do cinema se tenha desviado de suas formulazinhas. Em lugar de reconhecerem o "tanto pior para a teoria", repetem o tradicional "tanto pior para os fatos".

Novamente mostram-se precipitados ao considerar que as qualidades dos filmes falados de hoje são as qualidades do filme falado em absoluto. Esquecem que não se podem comparar os primeiros filmes sonoros com os últimos filmes mudos. O filme sonoro encontra-se atualmente num período de interesse proeminente pelos novos achados técnicos (diz-se que já é algo ótimo ouvir-se bem, etc.), num período de procura de novas formas. Há nisso uma analogia com o cinema mudo anterior à guerra, enquanto que o cinema mudo do último período havia criado para si um *standard* próprio, a ponto de realizar obras clássicas: talvez exatamente nesse classicismo, no cumprimento do cânon, estivesse contido seu fim e a necessidade de uma nova fratura.

Afirma-se que o filme falado aproximou perigosamente o cinema do teatro. Certamente, o cinema aproximou-se de novo do teatro, como no alvorecer deste século, nos anos dos "teatrinhos elétricos" *; aproximou-se de novo, mas para logo libertar-se de-

(*) *N. do T.*: Trata-se, provavelmente, do nome por que era conhecido o cinema em seus primeiros tempos.

le. Porque por princípio o discurso "na tela" e o discurso no palco são dois fatos profundamente diversos. O material do cinema, na época do filme mudo, era o objeto óptico, hoje é o objeto óptico-acústico. O material do teatro é a ação do homem. O discurso no cinema é um caso particular de objeto acústico, ao lado do zunido de uma mosca, do murmúrio de um riacho, do fragor das máquinas, etc. O discurso no palco é uma das ações do homem. Certa vez Jean Epstein disse a propósito do teatro e do cinema que a essência mesma dos dois métodos de expressão é diversa: essa tese não perdeu sua validade nem mesmo na época do cinema sonoro. Por que o "aparte" e o monólogo são possíveis no palco, mas não na tela? Exatamente porque o discurso interior é uma ação humana, mas não um objeto acústico. Igualmente, dado que o discurso cinematográfico é um objeto acústico, no cinema não é possível o "susurro teatral", ouvido pelo público não pelas outras personagens do filme.

Uma outra particularidade típica do discurso cinematográfico, no confronto com o teatral, é o seu caráter facultativo. O crítico E. Vuillermoz deplora tal facultatividade: "é uma maneira fragmentária e irregular, com a qual numa arte antes silenciosa o discurso vem ora introduzido ora de novo eliminado, e que destrói a lei da representação e põe em destaque o caráter arbitrário dos momentos de silêncio". Essa crítica é errônea.

Se na tela *vemos* pessoas falando, ao mesmo tempo *ouvimos* as suas palavras ou a música. Música, não silêncio. O silêncio no cinema tem o valor de uma ausência de sons reais; é pois um objeto acústico exatamente como a fala, a tosse ou os rumores da rua. Num filme sonoro percebemos o silêncio como signo de silêncio real. Basta recordar como a classe emudece no filme *Pred maturitou* ["Antes da maturidade"]. Não é o silêncio, mas a música que anuncia no filme a ausência momentânea de objetos acústicos. A música no cinema serve justamente a essa finalidade, dado que a arte musical opera com signos que não se referem a nenhum objeto. O filme mudo não tem nenhum "tema" acústico, e justamente por isso reclama um constante acompanhamento musical. Com essa função neutralizante da música topam involuntariamente os especialistas, quando notam que "percebemos subitamente a ausência da música, mas não prestamos nenhuma atenção a sua presença, de forma que, se quisermos, qualquer música poderá harmonizar-se com qualquer cena" (Bela Balázs), "a música no cinema é predestinada a não ser ouvida" (P. Ramain), "sua única finalidade é entreter os ouvidos, enquan o a atenção é toda concentrada na vista" (Fr. Martin).

Não é possível ver uma confusão não-artística no fato de que no cinema sonoro o discurso ora é ouvido ora é substituído pela música. Assim como as inovações de Edwin Porter e, mais tarde, de D. W. Griffith eliminaram a imobilidade da câmara em relação ao objeto, introduzindo no cinema a multiformidade dos planos (aproximação de campos totais, planos médios e primeiros planos, etc.); assim também o filme sonoro supre com sua nova variedade a rigidez da concepção precedente, que cancelava sistematicamente o som do reino dos fatos cinematográficos. No cinema sonoro a realidade óptica e a realidade acústica podem estar presentes juntas ou, ao contrário, separadas: mostra-se o objeto óptico sem o som que normalmente o acompanha, ou o som vem separado do objeto óptico (ouvimos um homem falar enquanto vemos, em vez de sua boca, os outros detalhes da cena, ou mesmo uma cena inteiramente diversa). Oferecem-se pois novas possibilidades de sinédoque cinematográfica. Paralelamente, aumentam os métodos de ligação das tomadas (passagem puramente sonora ou verbal, contrastes de som e imagem, etc.).

As legendas no cinema mudo eram um meio importante da montagem, freqüentemente serviam de ligação entre os enquadramentos; S. Timochenko, em seu *Ensaio de introdução à teoria e à estética do filme* (1926), vê mesmo nisso a sua função principal. Permaneciam assim no filme elementos de composição claramente literária. Tentou-se por isso eliminar as legendas do filme, mas tais tentativas ou impunham uma simplificação dos argumentos, ou tornavam demasiado lento o ritmo cinematográfico. Somente com o filme sonoro foi realmente abolida a legenda.

Entre o filme ininterrupto de hoje e o filme entrecortado de legendas há em substância a mesma diferença que existe entre a ópera lírica e o *vaudeville* com canções. As leis de ligação puramente cinematográfica das tomadas predominam hoje. Se num filme vemos uma pessoa inicialmente em um lugar e depois em outro, não contíguo ao primeiro, entre as duas situações deve transcorrer um certo lapso de tempo durante o qual a pessoa não aparece na tela. Ou então faz-se ver o primeiro local depois que a pessoa saiu dele, ou o segundo antes que ela chegue, ou finalmente um "corte": em outro local passa-se uma cena da qual a pessoa em questão não participa. Esse princípio era aplicado como tendência já no cinema mudo, mas, bem vistas as coisas, para que se fizesse a ligação entre as duas situações bastava então uma legenda do tipo: "E quando chegou a sua casa..." Somente agora essa lei é aplicada com coerência. Pode ser abandonada apenas quando duas cenas não são unidas segundo sua contiguidade mas antes segundo a similaridade ou o contraste (a pessoa encontra-se em ambas as cenas na mesma posição, etc.), ou ainda quando há intenção de sublinhar particularmente, de acentuar a rapidez do salto de uma situação a outra ou mesmo a interrupção, o hiato entre as duas cenas. Igualmente inaceitáveis são, no âmbito de uma cena, passagens imotivadas da câmara de um objeto a outro não contíguo. Se contudo essa passagem se apresenta, então ela favorece fortemente e carrega semanticamente o segundo objeto e sua imprevista ingerência na ação.

No cinema de hoje, depois de um acontecimento pode-se mostrar apenas o acontecimento sucessivo, não o antecedente ou o contemporâneo. A volta ao passado é válida somente como recordação ou narração de uma das personagens. Essa norma encontra uma analogia precisa na poética de Homero (assim, aos "cortes" cinematográficos corresponde o homérico *horror vacui*). Ações que se desenvolvem contemporaneamente são apresentadas em Homero, como explica Th. Zielinski, seja como acontecimentos sucessivos, seja como dois acontecimentos paralelos dos quais um se omite, originando-se assim uma considerável lacuna — a não ser que a ele se faça referência anteriormente de forma a permitir que se imagine facilmente o seu desenvolvimento. A essas normas da antiga poética épica corresponde, coisa curiosa, exatamente a montagem do filme sonoro. A evidente tendência do tempo cinematográfico para a "linearidade" já se tinha manifestado no cinema mudo, mas as legendas permitem exceções: por um lado o anúncio do tipo "Enquanto isso" introduzia um acontecimento contemporâneo, por outro legendas como "Fulano passou a juventude na província" e outras possibilitavam rápidas incursões no passado.

Assim como a citada "lei da incompatibilidade cronológica" diz respeito ao tempo de Homero, e não à poesia épica em geral, assim também não queremos generalizar precipitadamente as leis do cinema de hoje. O teórico da arte, que inclui a arte futura em suas formulazinhas, assemelha-se freqüentemente ao barão de Münchhausen, que sozinho se erguia pelos cabelos. É possível contudo observar algumas tentativas passíveis de desenvolvimento em tendências mais positivas.

Quando se estabiliza a aquisição dos meios poéticos e se cristaliza um modelo exemplar tão profundamente que a instrução elementar dos epígonos torna-se um fato que se pode descartar, então, habitualmente, irrompe o desejo de prosaicidade. O aspecto *visual* do filme é hoje minuciosamente elaborado. Exatamente por isso ressoam subitamente as vozes dos cineastas que pedem reportagens despojadas, epicamente fundadas, e cresce a aversão pela metáfora cinematográfica, pelo jogo com os detalhes como fim em si próprio. Paralelamente, aumenta o interesse pela estrutura do argumento, que até há pouco tempo era desprezada quase com ostentação. Recordemos, por exemplo, os famosos filmes de Eisenstein, quase sem argumento, ou mesmo *City lights* de Chaplin; onde realmente o roteiro tende a desaparecer é em *Amores de um médico,* um filme primitivo de Gaumont, do início do século: ela é cega e tratada por um médico corcunda e repugnante que dela se apaixona mas não tem coragem de se confessar; anuncia-lhe que amanhã poderá ver. Vai-se embora, atormenta-se, persuadido de que a moça o desprezará por causa de sua feiúra, mas ela ao contrário atira-se-lhe ao colo: "Amo-te, porque me curaste". Beijo final.

Como reação à rotina ultra-refinada, à técnica de gosto decorativo, surge um consciente descuido, uma falta intencional de acabamento, o esboço como meio formal (*L'âge d'or* do genial Buñuel). O diletantismo começa a agradar. As palavras "diletantismo", "analfabetismo" soam no léxico tcheco desoladoramente pejorativas. Há entretanto épocas na história da arte, ou melhor, na história da cultura, nas quais a função motriz desses fatores é indubitavelmente positiva. Exemplos? Rousseau, Henri ou Jean-Jacques.

O campo depois de uma rica colheita tem necessidade de repouso. Os centros de cultura cinematográfica alternaram-se já mais de uma vez. Onde é forte a tradição do cinema mudo, o cinema sonoro só a custo encontra novos caminhos. Somente agora o cinema tcheco está vivendo sua estação de ressurgimento (os almanaques de Puchmaier, etc.). No cinema mudo tcheco fez-se artisticamente pouca coisa de que valha a pena falar. Hoje, quando a palavra penetrou no cinema, apareceram filmes tchecos que vale a pena ver. É muito provável que exatamente a liberdade em relação à tradição facilite as pesquisas experimentais. Da necessidade nasce uma verdadeira e autêntica força.[1] A capacidade dos artistas tchecos de desfrutarem da debilidade da tradição local é quase tradicional na história da cultura tcheca. O frescor, a originalidade provinciana do romantismo de Mácha teriam sido tolhidos em sua leveza por uma norma clássica desenvolvida. Há para a literatura de hoje tarefa mais difícil do que o descobrimento de uma nova forma de humorismo? Os humoristas soviéticos imitam Gógol, Tchekhov, etc., as poesias de Kästner são um eco do sarcasmo de Heine, os contemporâneos contos humorísticos franceses e ingleses evocam grandemente os centões (poesias compostas de citações). Schweik somente pôde nascer devido ao fato de o século XIX tcheco não ter gerado um humorismo canonizado.

(*Tradução de Francisco Achcar*)

---

(1) Trato aqui do cinema no âmbito da história da arte. Esse problema deveria ser ulteriormente inserido na história cultural, sócio-política e econômica.

SOBRE ROMAN JAKOBSON

Lili Brik Osip Brik Roman Jakobson Vladimir Majakovs

Bad Flinsberg, Julho, 1923
(Foto inédita cedida por Roman Jakobson)

ROMAN JAKOBSON E A LINGÜÍSTICA

J. Mattoso Câmara Jr.

Roman Jakobson, cujas conferências proferidas no Brasil em setembro de 1968 se reúnem no presente volume, é uma das maiores figuras da lingüística contemporânea.

A sua já longa e intensa carreira universitária processou-se na Rússia, sua terra natal, em Praga, na Escandinávia e finalmente nos Estados Unidos da América, onde se estabeleceu desde 1942[1], lecionando nas Universidades de Columbia e Harvard, sucessivamente,

(1) Antes de sua ida para os EEUU, apresentou-se-lhe uma possibilidade de vir para o Brasil, por convite da Universidade de São Paulo, o que infelizmente não se efetivou em virtude de circunstâncias ulteriores.

e ainda no MIT (Massachussetts Institute of Technology).

O desenvolvimento do seu pensamento lingüístico iniciou-se muito cedo, nos primeiros anos da segunda década do século, em Moscou. Aí, foi um dos propulsionadores de um amplo movimento de jovens estudiosos no sentido de uma revisão da lingüística tradicional, que ainda estava assente nos princípios neogramáticos, e de uma renovação da estética literária, em bases lingüísticas, nas linhas da doutrina do formalismo russo. Foi desta última natureza o seu primeiro ensaio, em 1914, com dezoito anos de idade, em forma de uma carta aberta ao poeta V. Khliébnikov, apreciando-lhe as ousadas experiências de jogos verbais e fonéticos.

Muito cedo ligou-se a N. Trubetzkoy numa sólida e permanente amizade pessoal e científica.

Deslocando-se para Praga, depois dos sucessos políticos de 1917, enquanto Trubetzkoy lecionava em Viena, veio a constituir com este e S. Kartzévski a importante ala russa do Círculo Lingüístico de Praga, fundado por iniciativa do lingüista tcheque Vilém Mathesius. A projeção mundial do Círculo fez-se em 1928, por ocasião do I Congresso Internacional de Lingüistas, em Haia, mediante uma Comunicação, assinada em conjunto por Jakobson, Kartzévsky e Trubetzkoy mas redigida exclusivamente pelo primeiro. Esta Comunicação desenvolve, de uma maneira singularmente condensada mas nítida, a proposta de um novo enfocamento dos estudos lingüísticos em linhas saussurianas mas *"par delà Saussure"*. Aí já se contêm as diretrizes fundamentais que nortearam toda a obra de Jakobson até hoje [2].

No âmbito da fonologia, como novo enfocamento dos estudos fonéticos, que é a parte mais conhecida da doutrina lingüística do Círculo de Praga, a participação de Jakobson é das mais importantes. Foi ele, por exemplo, quem decisivamente contribuiu para afastar o conceito da indivisibilidade unitária do fonema ("unidade fonológica não-suscetível de dissociação em unidades inferiores e mais simples", como se estabeleceu ainda em 1930 por ocasião de uma reunião internacional promovida pelo Círculo de Praga). Nos seus *Princípios*

(2) *Actes du Premier Congrès International de Linguistes, tenu à la Haye, du 10-15 avril 1928.* Leiden; p. 33.

de Fonologia [3], que é a síntese das pesquisas fonológicas praguenses, publicados postumamente em 1939, Trubetzkoy já adota, ao contrário, uma definição inspirada na que formulou Jakobson em 1932 no verbete *Fonema* para uma *Enciclopédia* tcheque: "a soma das particularidades fonologicamente pertinentes que uma unidade fônica comporta" [4].

Especialmente preocupado em determinar o valor semiótico do "fonema", viu Jakobson esse valor na função que tem o elemento fônico de distinguir entre si os elementos lexicais: ao passo que estes têm "uma significação própria, bem definida e constante", aquele não apresenta "uma significação própria positiva", mas serve para diferençar uns dos outros os elementos lexicais significativos; "contrasta cada palavra em que se acha, de todas as palavras que, *coeteris paribus*, encerram outro fonema" [5]. Mostrou, ao mesmo tempo, como a caracterização de um som lingüístico como fonema depende de certos traços (al. *Eigenschaften*, ing. *features*) cuja presença ou ausência o opõe, por sua vez, a todos os demais da língua. São esses traços que constituem as unidades mínimas e indivisíveis, e Jakobson foi assim levado a estabelecer, em vez do quadro de fonemas de uma língua, o dos traços fônicos que funcionam nessa língua e lhe caracterizam os fonemas [6]. Para cada traço comporta cada fonema a sua presença ou a sua ausência, que podem ser assinaladas respectivamente pelos sinais matemáticos de *mais* (+) e *menos* (—); por exemplo, em português, sonoridade — não sonoridade (como em — /b/: /p/, /d/: /t/, /z/: /s/ etc.), oclusão — não oclusão (como em — /p/: /f/, /b/: /v/, /t/: /s/, /d/: /z/ etc.), palatalização — não palatização (como em — /x/: /s/, /lh/: /l/ etc.) e assim por diante.

Chega-se destarte à exclusividade conceptual de oposições binárias, reduzindo-se todas as complexas classes de oposições fonológicas, que nos apresenta

---

(3) N. S. Trubetzkoy, *Grundzüge der Phonologie*, Prague, 1939. Tr. fr. (J. Cantineau): *Principes de Phonologie*, Paris, 1949.

(4) *Principes*, cit.; p. 40.

(5) R. Jakobson, *Kindersprache, Aphasie und allgemeine Lautgesetze*, Upsala, 1941; pp. 22/23. A tese central do livro é que a criança adquire os fonemas indo dos mais simples e gerais para os mais complexos e particularizados, e o afásico os perde em marcha inversa.

(6) R. Jakobson and J. Lotz, "Notes on the French Phonemic Pattern". *Word*, vol. 5, nº 2, New York, 1949; p. 151. V. ainda nota 11.

Trubetzkoy, à que ele denominou a das "oposições privativas"; "um dos termos da oposição é caracterizado pela existência de uma marca, o outro pela ausência dessa marca... O termo da oposição caracterizado pela presença da marca se chamará 'termo marcado' e o que é caracterizado pela ausência da marca 'termo não marcado'" [7].

O conceito de elemento marcado (al. *merkmalhaft*) e elemento não marcado (al. *merkmallos*) foi aplicado por Jakobson a outros âmbitos lingüísticos, além do domínio dos sons. Constitui, por exemplo, o cerne do seu estudo dos casos nominais — *Contribuição para uma doutrina geral dos casos,* onde parte do "nominativo" como "a forma não marcada para a função representativa do discurso"[8]. E igualmente é a base do seu estudo sobre a conjugação verbal em russo[9].

Onde, entretanto, abriu mais incontestavelmente um caminho novo nas pesquisas fonêmicas foi no afã de considerar os traços distintivos do sistema fônico à luz do seu efeito acústico. Trubetzkoy, nos seus *Princípios,* se ativera aos aspectos articulatórios, de acordo com a tradição fonética do séc. XIX. Analogamente, a escola norte-americana de Bloomfield manteve-se no mesmo ponto de vista que dois dos seus representantes assim defenderam: "Na verdade, ainda não se desenvolveu uma terminologia maleável para descrever o efeito acústico dos sons da fala... O uso de uma terminologia exclusivamente acústica pressupõe um exercitamento extenso em física e matemática, para o qual poucos lingüistas têm tempo; e depende do uso de aparelhos especiais de laboratório, que também poucos lingüistas estão aptos para manusear... Os movimentos e as posições dos órgãos vocais, por outro lado, podem ser aprendidos (e em casos favoráveis diretamente observados) sem exercitamento prévio especial. Qualquer som pode ser descrito sem ambigüidade e com simplicidade em termos dos movimentos que o produzem; e os aparelhos de laboratório em que a terminologia se baseia — lábios, dentes, língua, palato e assim

(7) N. S. Trubetzkoy, *Principes,* cit.; p. 77.
(8) R. Jakobson. "Beitrage zur algemeine Kasuslehre", *Travaux du Cercle Linguistique de Prague,* 6, Prague, 1936; pp. 240/288.
(9) R. Jakobson, "Zur Struktur des russischen Verbums", *Charisteria Guilelmo Mathesio... oblata,* Prague, 1932; pp. 74/84.

por diante — é o equipamento normal de todo lingüista"[10].

Ora, Jakobson, partindo da verdade incontestável de que, quando falamos, são os sons que permitem a comunicação lingüística e não os movimentos articulatórios que os determinam, procurou intensa e pacientemente assentar os estudos fônicos na audição, pois lhe parece impossível classificar e descrever cientificamente os sons pela articulação apenas. Nem concorda em que esse novo ponto de vista acarrete para o lingüista o ônus de complexos estudos físico-matemáticos: acha que para depreender a simbolização da fala basta ao lingüista pautar com critério as suas conclusões pelas conclusões das ciências da natureza, e tanto no estudo acústico como no articulatório cabe-lhe apoiar-se nas descrições inambíguas dos técnicos, sem precisar especializar-se quer na fisiologia, quer na física acústica.

O resultado mais recente das suas elucubrações neste sentido é a monografia — *Preliminares para a Análise Lingüística*, que compôs em 1952 em colaboração com Gunnar Fant e Morris Halle[11]. Aí firma os conceitos acústicos de *compacto*: *difuso*, *grave*: *agudo*, *tenso*: *laxo*, *estridente*: *doce* etc., procurando dar-lhes precisão e rigor na base da fonética experimental acústica e dos espectrogramas (os sons produzidos no ar são impressos num filme e essas impressões, examinadas, mostram que cada som tem um aspecto óptico). Conseqüência dessa orientação é uma fundamentação mais objetiva para o estudo da expressividade dos sons lingüísticos e dos correlatos fenômenos de sinestesia. Neste sentido, Jakobson procurou, especialmente, avaliar as relações entre a visão e a audição: "Pode-se, é certo", — diz-nos ele — "circunscrever as pesquisas das qualidades dos sons nos limites dos fenômenos sônicos e considerar puras metáforas designações como *claro* e *escuro*, *colorido* e *incolor*, da mesma sorte que por outro lado as de cor *sonora* e *surda* (al. *getönt* e *tonlos*), e até substituí-las por termos não comparativos, mas o problema da analogia fenomenológica entre os

(10) B. Bloch and G. Trager, *Outline of Linguistic Analysis*, Baltimore, 1942; p. 12.
(11) Roman Jakobson, C. Gunnar M. Fant and Morris Haile, *Preliminaries to Speech Analysis, the distinctive features and their correlates, Acoustics Laboratory, Massachussetts Institute of Technology, Technical Report Nº 13*, January 1952, May 1952. V. ainda nota 6.

sons e as cores continua cada vez mais sensível; evidentemente", — conclui, remetendo o leitor às observações psicológicas de W. Köhler — "as duas ordens de qualidades *escura* e *clara* e *colorida incolor* são comuns aos sons e às impressões visuais e a estrutura do sistema sônico e a do cromático revelam notáveis correspondências entre si"[12].

Outra contribuição importante de Jakobson é a aplicação metódica do fonologismo de Praga à lingüística diacrônica. Trubetzkoy, nos seus *Princípios*, foi exclusivamente um sincronista, como são em regra os fonemistas norte-americanos. Entretanto a *Comunicação* de 1928, em Haia, não deixara de insistir no conceito de uma "fonologia" diacrônica: "A antinomia da fonologia sincrônica e da fonética diacrônica" (que pressupõem as idéias iniciais de Saussure) "ficaria suprimida, desde que as mudanças fonéticas fossem consideradas em função do sistema fonológico que as sofre".[13] E a *Comunicação* traça a propósito um programa que Jakobson mais tarde desenvolveu: "É a questão da finalidade de um fato fonético que se impõe cada vez mais ao lingüista, em lugar da questão tradicional das causas. Não é renunciando à noção de lei fonética que se ultrapassará a tradição dos '*Junggrammatiker*', mas antes interpretando essa noção teleologicamente e dela retirando a concepção mecanística".[14]

Com efeito, no seu fundamental artigo sobre os *Princípios de Fonologia Histórica* e na aplicação ao russo, que constitui o segundo volume dos *Trabalhos do Círculo Lingüístico de Praga*[15], Jakobson estabeleceu o quadro das finalidades das mudanças fonéticas, ou seja, os resultados e objetivos teleológicos para o sistema geral dos fonemas. As variações sincrônicas (pois Jakobson insiste em distinguir sincronia de estaticismo e vê num "estado lingüístico" uma situação essencialmente dinâmica) transpõem-se para o plano diacrônico, quando uma variante ascende à posição de fonema, libertan-

(12) R. Jakobson, *Kindersprache*..., cit.; pp. 66/67.
(13) *Actes du Premier Congrès*..., cit.; p. 33.
(14) Id., p. 36.
(15) R. Jakobson, "Prinzipien der historischen Phonologie", *Travaux du Cercle Linguistique de Prague*, 4, 1931; pp. 164/183. Tr. fr.: "Principes de phonologie historique", apêndice a — N. S. Trubetzkoy, *Principes*..., cit.; pp. 315/336. R. Jakobson, "Remarques sur l'évolution phonologique du russe, comparée à celle des autres langues slaves", *Travaux du Cercle Linguistique de Prague*, 2, 1929.

do-se de certas condições taxativas para a sua produção (valorização ou fonologização), ou um fonema se esvai em variante, pela mecanização da sua produção em conseqüência de condições taxativas (devalorização ou defonologização), ou um fonema, se perdido, se reintroduz no sistema, e, se com o rendimento reduzido, se revigora e amplia pela confluência na variação de fonemas distintos (revalorização ou refonologização).

Não lhe parece legítimo, por outro lado, separar as mudanças fonéticas do ambiente mórfico e semiótico geral em que elas se processam. No seu Relatório sobre a possível solidariedade e interdependência entre a estrutura fonêmica e a gramatical, apresentado no Sexto Congresso Internacional de Lingüistas, em 1948, conclui incisivamente: "A relativa autonomia íntima dos dois sistemas não exclui a sua interação e interdependência perpétuas. Como já mencionamos, a remodelação da pauta fonêmica pode dar estímulos novos ao sistema gramatical, que este ora aceita, ora rejeita. Vice-versa, os processos gramaticais às vezes oferecem com sucesso inovações para o sistema fonêmico e mesmo servem para novos fonemas"[16]. Assim desaparece, do seu ponto de vista, a velha antinomia entre analogia e mudança fonética. "Até onde se pode levar em conta os chamados conflitos entre as mudanças fonéticas e a analogia gramatical, eles se resolvem simplesmente em mudanças fonêmicas gramaticalmente limitadas, ou, em outros termos, mudanças fonêmicas que não afetam o sistema sônico geral mas apenas o sistema sônico especial de certas categorias gramaticais"[17].

A base teórica dessa atitude em lingüística diacrônica é uma convicção inabalável na relação íntima entre *som* e *sentido*. "O indissolúvel dualismo de todo símbolo lingüístico é o ponto de partida da lingüística contemporânea na sua vigorosa luta em duas frentes. Som e sentido — ambos têm de ser francamente incorporados à ciência da linguagem: o som da fala deve ser consistentemente analisado em relação com o sentido, e o sentido, por sua vez, analisado em referência à forma sônica"[18].

(16) *Actes du Sixième Congrès International de Linguistes, Paris, (Juillet 1948)*, Paris, 1949; p. 17.
(17) Id.; p. 16.
(18) Id.; p. 6.

Esta atitude opunha-se frontalmente à orientação que por vários anos dominou na lingüística dos Estados Unidos da América. Sob a égide de Bloomfield, ela concentrou-se na análise da forma externa da língua, como diria Humboldt: o sistema fônico, as combinações dos fonemas em morfemas e as regras de sucessão e posição destes no vocábulo e na frase, sem cogitar do conteúdo semântico, que era considerado matéria de filosofia e não de lingüística. Esta devia ser "mecanicista", e não "mentalista", nos termos do próprio Bloomfield. Jakobson muito concorreu para que mudasse tal ponto de vista, que hoje está francamente superado.

A sua ação foi tanto mais eficiente quanto ele soube se ligar à lingüística norte-americana com cordial simpatia. Ninguém mais do que ele apreciou a atividade lingüística de Franz Boas no âmbito ameríndio[19]. Compreendeu e aprovou calorosamente Sapir e estimou altamente a atuação de Bloomfield, com quem se encontrou na maneira de considerar o fonema, visto como "um feixe de traços distintivos", também pelo mestre norte-americano. A sua discordância ante a estrita concepção behaviorista de Bloomfield, no afã de dissociar da forma lingüística o conteúdo semântico, se nutriu antes num apreço amigo do que em antagonismos deliberadamente hostis.

Por isso, a obra de Jakobson tem sido um fermento dos mais estimulantes no desenvolvimento até hoje da lingüística norte-americana. O aspecto mais recente desta, que é a gramática transformacional ou gerativa como meio de descrição lingüística, inspira-se em certos pontos do pensamento de Jakobson, especialmente na sua doutrina dos traços distintivos como desintegração última do fonema. Aplicou-se à criação de uma fonologia transformacional Morris Halle, que é um dos corifeus da nova escola e ao mesmo tempo colaborador de Jakobson e seu assistente no MIT.

Também é digna de nota a preocupação estética que anima o pensamento lingüístico de Jakobson. Os

(19) Cf. R. Jakobson, "Franz Boas' Approach to Language", *International Journal of American Linguistics*, X, 1944, Bloomington, Ind.; pp. 188/195.

fundamentos da linguagem poética e do verso têm sido assunto de muitos estudos seus, desde a carta aberta de 1914 sobre "as novas experiências em poesia", de início aqui citada. Ora, é evidente que esse interesse pela língua literária e a sua integração compreensiva na lingüística geral só pode concorrer para dilatar os horizontes de uma vasta obra de síntese. Dentro da lingüística hispânica sabemos como essa atitude valoriza a obra de um Menendez Pidal e, embora em plano menos gigantesco, a de um Amado Alonso.

Finalmente deve-se salientar a atenção constante que Jakobson mantém para com as ciências ditas exatas. A sua posição, neste particular, é *sui-generis*. Não as põe de lado com fastio e enervamento, como sucede com tantos lingüistas da orientação que podemos chamar estritamente filológica. Não se deixa, também, empolgar por elas a ponto de considerá-las a Ciência propriamente dita e aspirar para a lingüística a sua formulação e os seus métodos. A distinção entre ciências da natureza e ciências do homem está nitidamente traçada em seu espírito; mas o estão igualmente as relações que existem entre elas. A linguagem, como sistema de símbolos, situa-se num nível superorgânico, mas depende do mundo físico numa maneira das mais estreitas. Daí a necessidade que incumbe ao lingüista de acompanhar de perto as ciências físicas e aproveitar-lhes as conclusões para os seus fins próprios: diante das pesquisas físicas cabe-lhe fazer uma ciranda e buscar e adotar o que é na realidade constituinte e pertinente para o seu objetivo. É assim que ultimamente se tem interessado pela teoria matemática da comunicação de Shannon e Weaver, e propôs os conceitos de *código* e *mensagem,* desenvolvidos nessa teoria, para substituir os de *langue* e *parole,* respectivamente, integrados na lingüística desde Saussure. Algumas vezes, esse interesse pelas ciências exatas determina em sua exposição doutrinária curiosas associações analógicas, como quando aproxima a análise do fonema em seus traços distintivos e a desintegração do átomo na física nuclear.

É nessa ordem de idéias que ele aconselha seus alunos a adaptarem a seu modo o velho lema de Terêncio: o lingüístico confunde-se com o humano, e, portanto, nada do que interessa à vida e ao mundo do homem lhes deve ficar alheio.

Não há melhor maneira de terminar este trabalho do que tal citação, guardada, há muitos anos, de memória e que tão bem define a complexa e rica personalidade de Roman Jakobson.

UMA VISÃO DIALÉTICA E RADICAL DA LITERATURA

Boris Schnaiderman

Ao tentar definir a contribuição de Roman Jakobson aos estudos literários, ocorre-me que a grande coerência e inteireza de sua atuação resultam do seguinte: ele se guia e sempre se guiou por uma profunda visão radical e dialética do fenômeno literário, que lhe permitiu penetrar agudamente em inúmeros aspectos da literatura e, ao mesmo tempo, perceber na cultura de hoje em dia os traços reais e inconfundíveis do amanhã. Para se reconhecer isto, é preciso admitir que o escritor e o crítico de visão aguda têm a capacidade de perceber na realidade móvel dos nossos dias aquilo que ainda se encontra em início de desenvolvimento, mas cuja importância e plenitude somente serão percebidos nos anos vindouros. Deste modo, o conhecimento profundo da realidade e da cultura atuais requerem a apreensão daquilo que se tornará mais plenamente a realidade e a cultura dos dias futuros.

A visão de Jakobson é essencialmente historicista, embora de um historicismo que não vê na História apenas o "estudo do passado". O que ele quer é ver nas obras tanto do passado como do presente aquele fluxo que nos permite discernir o essencial e que obriga, inequivocamente, a uma visada para o futuro.

É interessante reproduzir, neste sentido, uma passagem de seu livro fundamental de 1919, publicado em 1921 em Praga, que se vê tão citado nas obras sobre o assunto, mas cujo texto é muito raro, *A novíssima poesia russa — esboço primeiro*[1]:

"Quando se trata de fatos lingüísticos do passado, é difícil evitar o esquematismo e certo mecanicismo. O coloquial das ruas é mais compreensível que a língua dos documentos do passado, não só ao homem comum, mas ao próprio filólogo. Do mesmo modo, os versos de Púchkin, como *fato poético*, são hoje menos compreensíveis que os de Khliébnikov e Maiakóvski."

(Note-se que a obra dos grandes poetas russos Vladímir Maiakóvski e Vielimir Khliébnikov estava então em pleno desenvolvimento e eles eram atacados, com muita freqüência, como "incompreensíveis" e "difíceis". O segundo continua muito pouco divulgado, quer na Rússia quer entre os russos no exterior, não obstante Roman Jakobson se tenha referido a ele recentemente como "o poeta mais original deste século".)[2]

"Cada fato da linguagem poética atual é apreendido por nós numa comparação inevitável com três momentos: a tradição poética, a linguagem prática da atualidade e a tendência poética que se manifesta."

"Este último momento foi caracterizado assim por Khliébnikov: "Quando percebi que as velhas linhas de repente empalideciam, e o futuro nelas oculto se trans-

---

(1) Roman Jakobson, *Noviéichaia rúskaia poésia — nabróssok piérvi*, Tipografia A Política, Praga, 1921.
(2) "À la recherche de l'essence du langage", *Diogène* nº 51, 1965; tradução portuguesa em Roman Jakobson, *Lingüística e comunicação*, Editora Cultrix, São Paulo, 1969.

formava no dia de hoje, compreendi que a pátria da criação está situada no futuro. É dele que sopra o vento dos deuses da palavra".

"Mas se operamos com os poetas do passado, estes três momentos devem ser reconstituídos, o que se consegue apenas em parte e com muita dificuldade."

Desenvolvendo este argumento, Jakobson mostra, por meio de análise de texto, que o leitor moderno de Púchkin espanta-se com a clareza, a limpidez deste, apenas porque a repetição desgastou as arestas e tornou invisíveis as estranhezas. A "transparência" do estilo poético puchkiniano é uma ficção criada pelos antologistas, por meio da repetição incessante de uns poucos trechos seletos.

"A forma existe para nós enquanto nos é difícil apreendê-la, enquanto sentimos a resistência do material, enquanto vacilamos, sem saber se se trata de prosa ou de versos, enquanto nos 'doem as maçãs do rosto', como elas doíam — segundo o testemunho de Púchkin — ao general Iermolóv, quando este lia versos de Griboiedov.

"No entretanto, até hoje a ciência trata unicamente de poetas que descansam em paz, e se às vezes trata de vivos, é apenas daqueles que já se apaziguaram e deixaram o cotidiano pelas edições consagradas. Aquilo que já se tornou um truísmo na ciência da linguagem prática, constitui até hoje heresia na ciência da linguagem poética, que, de modo geral, arrasta-se na rabeira da lingüística."

No mesmo trabalho, propõe uma visão nova da periodologia das escolas poéticas. Segundo ele, de tempos em tempos, quando a linguagem poética se desgasta, torna-se preciso absorver do linguajar cotidiano novas formas e construções. E isto, precisamente, tem sido feito pelas diferentes escolas, através dos tempos. Deste modo, quando Maiakóvski revoluciona as velhas formas russas de versificação e introduz em seus versos a gíria, o palavrão, não faz mais do que seguir a norma geral da grande e autêntica poesia, a sua verdadeira norma lingüística.

Como se vê, há uma lição de radicalidade na obra de Jakobson. A visada para o futuro faz com que ele esteja sempre na frente das correntes críticas de seu tempo. Esta "crista da onda" em que se coloca não tem nada absolutamente da busca novidadeira, da procura do "dernier cri". Ele se coloca onde não pode deixar de se colocar, pelas próprias linhas de desenvolvimento de sua obra.

Mas, não esqueçamos, esta radicalidade está sempre vinculada à sua visão dialética, que se foi afirmando desde os primeiros trabalhos até os mais recentes, conforme se pode constatar pelos que reunimos no presente volume.

Como ele estava longe, já em 1919, das afirmações extremadas de alguns de seus companheiros do Formalismo Russo, no sentido de que a arte e a literatura nada teriam a ver com a vida social! Pois, no mesmo trabalho, lemos: "O desenvolvimento da teoria da linguagem poética será possível somente quando a poesia for tratada como um fato social, quando for criada uma espécie de dialetologia poética". E no mesmo ano escrevia: "A tarefa iminente é superar o estático e pôr de lado o absoluto"[3].

E seu belo "Retrospecto", traduzido por J. Mattoso Câmara Jr. para o português, termina com as seguintes palavras: "Assim o meu ensaio final volta ao mesmo princípio das invariantes nas variações que dá a chave de toda a minha obra".

Esta conjugação de radicalidade e visão dialética parece particularmente clara se confrontamos duas passagens de seus primeiros trabalhos. Ainda em *Novíssima poesia russa*, lê-se:

"A poesia é linguagem em função estética.

"Deste modo, o objeto do estudo literário não é a literatura, mas a literariedade, isto é, aquilo que torna determinada obra uma obra literária. E no entanto, até hoje, os historiadores da literatura, o mais das vezes, assemalhavam-se à polícia que, tendo por finalidade prender determinada pessoa, tivesse apanhado, por via das dúvidas, tudo e todos que estivessem num apartamento, e também os que passassem casualmente na rua naquele instante. Tudo servia para os historiadores da literatura: os costumes, a psicologia, a política, a filosofia. Em lugar de um estudo da literatura, criava-se um conglomerado de disciplinas mal

---

(3) *Iskustvo* (Arte), 2-8-1919, citado em "Retrospecto", traduzido para o português por J. Mattoso Câmara Jr. e incluído em *Fonema e Fonologia*, Livraria Acadêmica, Rio de Janeiro, 1967.

acabadas. Parecia-se esquecer que estes elementos pertencem às ciências correspondentes: História da Filosofia, História da Cultura, Psicologia, etc. e que estas últimas podiam, naturalmente, utilizar também os monumentos literários como documentos defeituosos e de segunda ordem. Se o estudo da literatura quer tornar-se uma ciência, ele deve reconhecer o 'processo' como seu único 'herói'."

A este trecho famoso, quase um manifesto do Formalismo Russo, em sua luta contra os excessos das interpretações externas, tão comuns na crítica russa (trecho este onde aparece o conceito de "processo", *priom*, como o princípio de estruturação da obra, que permite compreender como ela "é feita"), pode ser acrescentado o seguinte, do ensaio "Sobre a geração que esbanjou os seus poetas"[4], escrito pouco após o suicídio de Maiakóvski:

"O estudo da literatura insurge-se contra as extrapolações diretas, lineares, da poesia para a biografia do poeta. Mas daí não se pode de modo algum concluir a inadequação obrigatória entre a arte e a vida do poeta. Semelhante antibiografismo seria o lugar-comum inverso do biografismo mais vulgar."

Evidentemente, no caso, temos o desdobramento dialético da mesma linha de pensamento. E essa justaposição parece tirar toda consistência às recentes ironias de Vitor Chklóvski a propósito da utilização de material biográfico por um lingüista como Jakobson[5].

Aliás, basta ler suas "Notas preliminares sobre os caminhos da poesia russa"[6], para se perceber como agrupa os próprios dados da cronologia de modo a permitir uma indagação profícua para a história da cultura.

A capacidade de ver o novo quando ainda em pleno desenvolvimento e de perceber-lhe a importância tem sido uma constante em todo o seu trabalho.

Assim, já em fevereiro de 1914, escrevia uma carta a Vielimir Khliébnikov — o poeta russo tão preo-

(4) Roman Jakobson, "O pokoliénii rastrátivchem svoikh poetov", in *Smiert Vladimira Maiakóskovo* (A morte de Vladímir Maiakóvski), Berlim, 1931.

(5) *Apud* Ignazio Ambrogio, *Formalismo e avanguardia in Russia*, Editori Riuniti, Roma, 1968.

(6) Prefácio à antologia *La poésie russe* (organizada por Elsa Triolet), Ed. Seghers, Paris, 1965.

179

cupado com uma relação entre som e significado que atingisse o âmago da linguagem e não se baseasse apenas na repetição mecânica dos padrões livrescos — pedindo-lhe a opinião sobre algumas proposições que ele, Jakobson, pretendia desenvolver em estudos futuros. Esta humildade e compreensão diante do fato poético era uma exceção, mesmo entre os lingüistas mais avançados da época, conforme se pode comprovar comparando esta atitude de Jakobson, ainda estudante, com a de Baudouin de Courtenay, então professor em Petrogrado, um dos iniciadores da moderna lingüística estrutural, e que escreveu artigos violentos contra as incursões dos poetas cubo-futuristas russos no terreno da teoria da linguagem[7].

Esta visada para o futuro faz com que os pontos de vista de Jakobson coincidam freqüentemente com os de outros grandes vultos de nossa época, que chegaram às mesmas conclusões, sem qualquer comunicação entre si.

Haroldo de Campos já escreveu sobre a coincidência entre certas asserções da carta a Khliébnikov, acima referida, e alguns desenvolvimentos do trabalho de Ferdinand de Saussure (falecido em 1913), e dos quais se teve conhecimento só em 1964, pela publicação de alguns de seus papéis póstumos[8].

Não é difícil encontrar outros exemplos.

O artigo "Do realismo artístico" foi publicado por Jakobson em tcheco em 1921, no original russo em 1962, saindo em tradução francesa em 1965[9], sendo, pois, o seu conhecimento por Bertolt Brecht quase impossível. Nesse artigo, Jakobson não se limita à mera renegação da tradição literária realista, tantas vezes reclamada pelos futuristas, e procura estabelecer, com rigor metológico, as premissas de um estudo do realismo que não esteja viciado pelo vezo de simplesmente considerar como realista tudo o que se aproxime do realismo literário do século XIX. No entanto, eis o que escrevia Bertolt Brecht em 1937: "Examinaremos

(7) Os artigos "Palavra e *palavra*" e "Sobre a *teoria da palavra como tal* e da *letra como tal*", ambos de 1914 e incluídos em *Izbranie trudi po óbchchemu iazikoznániiu* (Obras escolhidas de Lingüística Geral), edição da Academia de Ciências da U. R. S. S., Moscou, 1963 (2º volume).
(8) "O lance de dados de Saussure", Suplemento Literário de *O Estado de São Paulo*, 26-7-1969 e 2-8-1969.
(9) V. *Théorie de la littérature*, antologia organizada por Tzvetan Todorov, Ed. du Seuil, Paris, 1965.

cuidadosamente a questão de saber se uma história é realmente melhor desenvolvida através de uma dissecação psicológica das personagens. Nossos leitores podem sentir que não lhes foi dada a chave do que está acontecendo se são simplesmente induzidos, por uma combinação de habilidades, a participar das emoções interiores dos heróis de nosso livro. Se usarmos as formas de Balzac e Tolstói, sem uma revisão total, poderemos cansar nossos leitores, o povo, da mesma maneira que o fazem freqüentemente esses escritores. Realismo não é uma mera questão de forma. Ao copiarmos os métodos desses realistas, nós próprios deixaremos de ser realistas"[10].

Esta recusa à cópia do *método* realista do século XIX é algo bastante diverso das investidas surrealistas contra o realismo, em nome do "maravilhoso" e do onírico, e aproxima-se muito mais da atitude lúcida de Jakobson.

Com muita freqüência, certos trabalhos deste são atacados pela "falta de fundamentação", pelo "arrojo da especulação, não apoiada em fatos"; mas, passados alguns anos, os "fatos" a que os críticos se referiam aparecem com mais clareza, e a especulação que parecia demasiado arrojada começa a nos aparecer como prenúncio de algo que já teve o seu desenvolvimento.

Creio que, para uma compreensão melhor da obra de Jakobson, todos os estudos particulares, por mais importantes que sejam em sua minudência, por mais reveladores quanto à metodologia, por mais fecundos como elementos a discutir, devem ser referidos a essa tendência geral de sua obra e que se percebe através de todos os seus escritos.

E hoje em dia, quando o próprio conceito de literatura vem sendo questionado, ou melhor, quando muitos vêem ameaçada a própria existência desta, em face da difusão dos novos meios de comunicação, torna-se mais que nunca oportuno acompanhar o pensamento de Roman Jakobson, em toda a sua radicalidade e vigor dialético. O estudo da relação entre a lingüística e as demais ciências torna-se na realidade um estudo da função da palavra e, portanto, da literatura, no mundo moderno.

(10) Tradução de Yonne Argolo do artigo "Volkstümlichkeit und Realismus", *in* Bertolt Brecht, *Teatro dialético*, Ed. Civilização Brasileira S. A., Rio de Janeiro, 1967.

O POETA DA LINGÜÍSTICA*

HAROLDO DE CAMPOS

A carreira de Roman Jakobson, o eminente lingüista e crítico que nos visitou em setembro de 1968, é exemplar e sob muitos aspectos única, pelo que nos oferece de conjugação de um rigoroso pensamento científico com a mais alerta e aberta sensibilidade para a arte, inclusive nas suas manifestações polêmicas e de vanguarda. Daí o interesse que a sua visita ao nosso país despertou, não apenas nos meios especializados,

(*) Este trabalho foi publicado originalmente no *Correio da Manhã*, Rio de Janeiro, 1-9-1968, como uma saudação a Roman Jakobson. Foi ligeiramente adaptado para a presente republicação.

mas, para além destes, junto a todos aqueles que acompanham o que existe de vivo e criativo na arte e na cultura contemporâneas.

Nascido em 1896 em Moscou, Jakobson estudou no Instituto de Línguas Orientais da Universidade dessa cidade e doutorou-se em 1930 pela Universidade de Praga. O que desde logo caracteriza os seus anos de formação é a inquietação perante o novo e a não submissão aos padrões acadêmicos. Num ensaio que tem muito de biográfico, "Retrospecto" (que o leitor brasileiro encontrará na excelente compilação organizada e traduzida por J. Mattoso Câmara Jr., *Fonema e Fonologia*, Livraria Acadêmica, 1967), Jakobson refere como se deixou empolgar, ainda estudante, por um livro heterodoxo sobre as vogais russas, cuja leitura lhe havia sido desaconselhada por um de seus professores (tratava-se de uma obra influenciada por Baudouin de Courtenay, em desacordo com a orientação da escola lingüística moscovita da época). Saussure, haurido através do lingüista russo S. I. Kartzevski, que estudara em Genebra, assim como a fenomenologia de Husserl, estão entre os aportes teóricos que o marcaram. Mas para além disto, o que parece ter sido decisivo na formação de Jakobson foi o seu contato jamais interrompido com artistas e poetas, sobretudo aqueles engajados na renovação de seus respectivos instrumentos. Quando lhe perguntei, em Cambridge, alguns meses antes de sua visita ao Brasil, como se explicava a sua extraordinária sintonia com a experimentação na arte, quando o normal era encontrar lingüistas fechados no seu campo de especialização, ou, então, cultivando concepções artísticas bastante tradicionais, ele me respondeu: "Veja, desde minha juventude eu sempre fui muito ligado aos artistas. Khliébnikov, Maiakóvski, Maliévitch foram meus amigos pessoais. Primeiro vieram os artistas, poetas e pintores, depois ''les savants..."

Realmente, no citado "Retrospecto", Jakobson proclama que o impulso mais forte que o levou a adotar uma visão nova em matéria de linguagem e lingüística foi o suscitado pelo "turbulento movimento artístico dos princípios do século XX". E menciona Picasso, Joyce, Braque, Stravinski, Khliébnikov, Le Corbusier, enfatizando o poder antecipador das criações de todos eles na remodelação da tradição e na superação dos hábitos velhos. "Para a visão estrutural dos signos verbais a experimentação de Picasso e os primeiros e ousados rudimentos de arte abstrata e não--objetiva serviram de sugestiva analogia semiótica, ao mesmo tempo que as obras sem rivais de Vielimir Khliébnikov, explorador versátil na criação poética, abriam vastas perspectivas para o jogo verbal imanente na linguagem. Essa busca do artista no sentido dos "infinitesimais do verbo poético", o seu manuseio paronomástico com os pares opositivos mínimos (...) propiciaram "a intuitiva apreensão de uma entidade desconhecida", a antecipação das *unidades fonêmicas últimas,* como iriam ser chamadas duas décadas mais tarde".

Enquanto o próprio Baudouin de Courtenay, conforme refere Boris Schnaiderman, atacava em 1914 o manifesto dos poetas futuristas russos ("Slovo kak takovoie" / A palavra como tal, 1913), procurando demonstrar-lhe as incongruências do ponto de vista da ciência da linguagem[1], Jakobson toma justamente a obra e os escritos teóricos do mais ousado desses futuristas, Khliébnikov, para objeto de seus estudos. E note-se que Khliébnikov era um visionário, em cuja formação se misturam conhecimentos de línguas eslavas e orientais, de matemática e ornitologia, com intuições místicas, numerológicas, mágicas, enfim, o oposto de uma personagem aceitável para o "decorum" universitário e acadêmico. Pois é para Khliébnikov que Jakobson se dirige, no mesmo ano de 1914, pedindo-lhe a opinião sobre o simultaneísmo (*odnovriemiénost*) e sobre as analogias entre a palavra e a nota musical na poesia experimental (uma atitude de humildade e grandeza que poderia bem servir de escarmeno àqueles críticos que, entre nós — e não apenas entre nós — sempre se apressuram a decretar a impossibilidade das propostas da vanguarda, em lugar de procurar entendê-las no seu nível e penetrar-lhes os pressupostos revolucionários). É a Khliébnikov que Jakobson dedica a parte substancial de seu primeiro livro, *Nova Poesia*

---

(1) I. A. Baudouin de Courtenay, "Sobre a teoria da *palavra como tal* e da *letra como tal*", 1914, artigo publicado em jornal e reproduzido em *Izbranie trudi po óbchchemu iazikoznániiu* (Estudos Escolhidos de Lingüística Geral), vol. II, edição da Academia de Ciências da U.R.S.S., Moscou, 1963.

Russa, escrito em 1919 e publicado em Praga em 1921. E é para o seu amigo morto na mais extrema pobreza em 1922 que se volta o seu pensamento, ao concluir um ensaio de 1965 sobre a "essência da linguagem": "Vielimir Khliébnikov, o poeta mais original deste século, que em 1919 escreveu, comentando suas próprias obras: 'Compreendi que a pátria da criação está situada no futuro; é de lá que procede o vento que os deuses do verbo nos enviam' ".

O nome de Roman Jakobson está ligado à fundação do "Círculo Lingüístico de Moscou" (1914-15) e da "Sociedade para o Estudo da Linguagem Poética" ou OPOIAZ (Petrogrado, 1916-17), entidades que estão na ponta da meada da escola de renovação crítica que ficou celebrizada como o "formalismo russo". Dessas sociedades não participavam apenas lingüistas e críticos literários, mas também poetas. "É precisamente o encontro dos analistas da arte poética e dos mestres dessa arte que põe à prova a pesquisa e a enriquece, e não foi por acaso que o Círculo Lingüístico de Moscou contava entre seus membros com poetas como Maiakóvski, Pasternak, Mandelshtam e Assiéiev. Da crônica do Círculo de Moscou e da OPOIAZ, os debates talvez mais calorosos e sugestivos são aqueles que dizem respeito às relações entre as propriedades puramente lingüísticas da poesia e seus caracteres que transcendem os limites da língua e participam da semiologia geral da arte" (Jakobson, 1965, "Vers une Science de l'Art Poétique", prefácio à antologia de textos do formalismo russo organizada por Tzvetan Todorov).

Nos anos 20, Jakobson se estabelece na Tcheco-Eslováquia. Em Praga, vai ele logo se alinhar entre os promotores de um novo "Círculo Lingüístico", cuja primeira reunião terá lugar em 1926, sob a presidência de Vilém Mathesius, pioneiro tcheco da renovação dos estudos da linguagem. É Jakobson um dos redatores das "Teses de 1929", manifestação coletiva apresentada pelo "Círculo" ao I Congresso de Eslavistas reunido aquele ano em Praga. Nessas "Teses" aparece pela primeira vez, no sentido técnico preciso que adquiriu posteriormente, a noção de *estrutura* (Benveniste, cit. por E. Garroni em *Il Circolo Linguistico di Praga —*

Le Tesi del '29). O livro de A. M. Ripellino, *Storia della Poesia Ceca Contemporanea* (1950), nos permite acompanhar as atividades de Jakobson junto aos artistas de vanguarda tchecos, perante os quais ele se fez promotor da poesia experimental russa (a tradição tcheca era sobretudo francesa na área cultural). Ripellino transcreve uma significativa carta do lingüista russo nesse sentido. E observa: "Começa com Jakobson na Boêmia — segundo o exemplo do formalismo russo — uma genial colaboração entre lingüistas e poetas, uma íntima relação entre ciência literária e poesia. Assim como a OPOIAZ tinha dado mão forte ao cubo-futurismo, a tal ponto que Chklóvski parecia aplicar à crítica o método do cubismo, os estruturalistas do "Círculo Lingüístico de Praga", e em especial Jakobson e Jan Mukařovský, seguiram passo a passo o desenvolver-se do movimento chamado *poetismo*. Nezval, que dedicou a Jakobson um de seus livros, demonstra em muitos poemas endereçados a Mukařovský e Jakobson estar perfeitamente informado das teorias estruturalistas. Este paralelismo entre poesia e lingüística se repete mais tarde na literatura eslovaca, onde os surrealistas não só trabalham em estreito contato com os formalistas locais, mas escrevem eles próprios estudos de caráter formalista". Jakobson e o poeta Nezval influenciam o diretor de teatro E. F. Burian, experimentador de um contraponto cênico de som e luz, a desenvolver um modelo de tcheco teatral ao mesmo tempo límpido e musical. É em Praga, em 1933, que Jakobson escreve um importante texto teórico sobre o cinema ("Decadência do Cinema?", incluído na presente coletânea), propugnando por um uso criativo do som no filme (por exemplo, o emprego da voz desvinculadamente da imitação da realidade, um diálogo que não corresponda às imagens que se vêem na tela, — efeito que encontraríamos na cinematografia dos últimos anos, de um Godard ou do nosso Ruy Guerra). E chega mesmo a preparar um roteiro cinematográfico em colaboração com Svatava Pirkova e Nezval (entrevista concedida à revista italiana *Cinema & Film,* 1967).

Fugindo à ocupação nazista da Tcheco-Eslováquia, Jakobson recomeça sua peregrinação européia. Passa dois anos na Escandinávia, lecionando em Copenhague, Oslo e Upsala. Depois, transfere-se para os Estados Unidos, estabelecendo-se primeiro em Nova Iorque, como professor da Escola Livre de Altos Estudos (1942-46) e da Universidade de Colúmbia, depois em Cambridge, na Universidade de Harvard e no M.I.T. Durante sua permanência em Nova Iorque, dá-se o seu contato com Claude Lévi-Strauss, que havia lecionado no Brasil, na Universidade de São Paulo, de 1935 a 1939. Este carrearia elementos da lingüística jakobsoniana para a sua Antropologia Estrutural. Hoje, como se expressava não há muito um articulista da revista americana *The Slavic and East European Journal,* Jakobson é um dos poucos cientistas que se move, com trânsito livre, entre Oeste e Leste, admirado por toda parte.

Sobre a importância da contribuição de Roman Jakobson à lingüística diz bem o estudo de J. Mattoso Câmara Jr., preparado especialmente para este volume, assim como um anterior trabalho do professor brasileiro, contido no já citado *Fonema e Fonologia.*

De minha parte, procurarei abordar aqui, sucintamente, algumas das fundamentais contribuições do mestre russo para a estética e para a crítica literária.

Desde logo é no campo da análise da poesia que se faz notar o aporte de Jakobson. Pode-se dizer que o núcleo de seu pensamento, neste particular, reside na relação dialética entre *som* e *sentido,* uma cogitação que já está presente no seu livro de 1921 sobre Khliébnikov e a nova poesia russa, e que vem sendo desenvolvida por ele em reflexões teóricas e aplicações analíticas. Em poesia, afirma Jakobson, "toda similaridade aparente no som é avaliada em termos de similaridade e/ou dissimilaridade no sentido".[2] E sem temer o escândalo dos críticos acadêmicos, sustenta com todas as letras que, na poesia, *reina o jogo de palavras, a paronomásia* (*Essais de Linguistique Générale,* p. 86; tradução brasileira em *Lingüística e Comunicação,* Cultrix,

---

(2) É interessante notar que Jakobson, ele próprio, chegou a fazer experimentos poéticos, na linha radical da poesia *zaúm* (transmental). Sua bibliografia registra poemas escritos em 1914, sob o pseudônimo de Aliagrov, editados em coletâneas organizadas por A. Krutchônikh, o praticante mais extremado dessa linha poética (enquanto o *zaúm* de Khliébnikov, seu criador, era fonológico, tinha sempre uma aura semântica, o de Krutchônikh era fonético, tendia para o puro jogo sonoro, aproximando-se das experiências sonoristas do dadaísmo, mais ou menos contemporâneas, e como elas antecipando o letrismo e a atual poesia fonética).

1969, p. 72). Sua análise da *função poética* da linguagem como aquela voltada para o aspecto sensível, palpável, da mensagem, para a configuração ou diagramação desta, é das mais elucidativas jamais feitas sobre o mecanismo da poesia, sua essência mesma ("Linguistics and Poetics", 1958; tradução brasileira na ob. cit.). E guiado por uma prodigiosa imaginação fonológica, ei-lo a testar suas idéias na prática, num conjunto de sutilíssimas análises de poemas que constituirão logo mais um volume de suas obras seletas, sob o título *The Poetry of Grammar and the Grammar of Poetry*. Entre estas análises, contam-se as de dois poemas de Baudelaire ("Les Chats", em colaboração com Lévi-Strauss; "Une Microscopie du dernier 'Spleen' dans les *Fleurs du Mal*"); a de um poema de Dante ("Vocabulorum Constructio in Dante's sonnet 'Se Vedi Li Occhi Miei'"); a do poema "Wir sind sie", de Brecht ("A estrutura do poema de Bertolt Brecht 'Nós somos ele'", em tradução brasileira no presente volume); a do poema "Ulisses" de *Mensagem* de Fernando Pessoa (esta em colaboração com Luciana Stegagno Picchio, trabalho também agora oferecido ao leitor brasileiro, e que foi preparado especialmente para as conferências de Jakobson em nosso país). Impossível seria resumir estas acuradas e sensibilíssimas exegeses poemáticas, mas eu gostaria apenas de salientar que, por exemplo, na análise de Brecht, de um poema que trata dos conflitos entre o indivíduo e o organismo coletivo (o aparato partidário), é o próprio movimento dialético do pensamento brechtiano que é revelado, fundado na interação dinâmica das categorias gramaticais e no contraponto das figuras sonoras, na estrutura sintática, com uma pertinência e um poder de convicção que o crivo grosso da crítica sociológica jamais conseguirá ter. Na análise do poema pessoano, é o *oxímoro* ou aliança de contrários que é vislumbrado como chave de abóbada da arte do autor de *Mensagem,* um "poeta da estruturação", como o define o seu analista com termos do próprio poeta português.

Outro aspecto importante das teorias jakobsonianas é o relativo aos pólos da linguagem, vistos respectivamente como a *metáfora* e a *metonímia*. Esboçadas inicialmente num trabalho de 1935 sobre a prosa de Pasternak ("Randbemerkungen zur Prosa des Dichters Pasternak"), estas idéias foram desenvolvidas num estudo de 1956, "Two aspects of Language and Two Types of Aphasic Disturbances" (em português na edição Cultrix, cit.). Do exame do síndroma da afasia, Jakobson verificou que podem resultar dois tipos de conseqüências: uma que afeta a operação de substituição, atingindo a relação de similaridade que produz a metáfora; outra que afeta a operação de combinação, a capacidade de hierarquização das unidades lingüísticas, enfim a relação de contigüidade que gera a metonímia. No discurso normal, ambas estas orientações atuam. Mas é possível, artisticamente, dar-se ênfase a uma delas. Na poesia romântica e na simbolista haveria um primado da metáfora. No realismo, é a metonímia que domina, permitindo ao escritor mover-se da ação ao segundo plano, das personagens às representações espaciais e temporais. E exemplifica com Tolstói: em *Ana Kariênina,* na cena do suicídio, o autor chama a atenção sobre a bolsa da heroína; em *Guerra e Paz,* as operações metonímicas "buço no lábio superior" e "ombros nus" são empregadas para indicar mulheres que se apresentam com estas particularidades (poderíamos pensar em nosso Machado de Assis, focalizando os "olhos de ressaca" de Capitu). E Jakobson passa a considerar outros sistemas semióticos que não a linguagem verbal, para indicar que, na pintura surrealista, haveria uma preferência pelo pólo metafórico, enquanto que, no cubismo, com a dissolução do objeto num sistema de novas relações de contigüidade, a metonímia é privilegiada. Remeto o leitor interessado em maiores detalhes a um trabalho de meu livro *Metalinguagem* (Vozes, 1967), no qual procurei aplicar os conceitos de Jakobson à prosa de Oswald de Andrade, por mim caracterizada como prosa metonímica ou cubista.[3] O que importa agora é ressaltar a transposição que o notável lingüista russo fez desses instrumentos para o campo do cinema, dentro de uma sua antiga preocupação de estudar caracteres "pansemióticos", que pertenceriam a uma semiótica geral da qual a lingüística seria tão-somente uma província. O cinema de Griffith, por exemplo, é para ele um cinema

---

(3) "Estilística Miramarina", publicado originalmente no "Suplemento Literário" de *O Estado de São Paulo,* 24-10-1964.

metonímico, enquanto que o de Chaplin é metafórico. Os filmes tipo documentário seriam por definição metonímicos. *Rashomon* dá um exemplo de cinema com dominante metafórica. *L'année dernière à Marienbad* é um filme metafórico do início ao fim, no qual no entanto a diferença entre metáfora e metonímia desaparece. A montagem, em princípio, implica sempre uma operação metonímica, sobre o eixo de contigüidade. Antes do que uma oposição, há entre esses conceitos polares uma relação de hierarquia, de modo que ambos estão sempre presentes, embora diversamente hierarquizados, em qualquer obra de arte (entrevista à revista italiana *Cinema & Film*, cit.). Jakobson faz também o elogio dos irmãos Marx (nisto coincidindo com Marshall McLuhan), em cujos filmes vê uma espécie de espontaneísmo vanguardista, diferente do experimentalismo organizado e teórico, uma intensidade de estrutura ao mesmo tempo original e elementar (não é preciso dizer o quanto um enfoque dessa natureza pode ser rico para o exame de certas manifestações de um vanguardismo primitivo ou "brutalista" que encontramos hoje em todos os campos, do cinema à televisão, das artes plásticas à música popular, sem esquecer a literatura).

Jakobson contribuiu também, decisivamente, para a reproposição em termos de relação de complementaridade dos conceitos de diacronia e sincronia, que Saussure (ou pelo menos os redatores do *Cours* publicado postumamente em 1916) tinha situado de maneira opositiva. A imagem sincrônica de uma língua, diz ele, está tão distante dos quadros estáticos que nela se reúnem, como a imagem cinematográfica, que aparece na tela em um momento dado, está longe de ser cada um dos quadros estáticos e isolados que formam o filme. É tendo presente esta relação de complementaridade que Jakobson elabora a sua hipótese de uma "História Estrutural da Literatura", consistente na colocação em perspectiva diacrônica (histórico-evolutiva) de quadros sincrônicos sucessivos. Para obter os cortes sincrônicos, o estudioso terá que levar em conta não apenas a produção literária de um período dado, mas a tradição que permaneceu viva ou foi ressuscitada nesse período, as escolhas que as novas correntes fazem entre os clássicos e a reinterpretação que elas lhes dão. O lingüista russo insiste em não perder o senso da historicidade mesmo nas suas formulações mais ousadamente revolucionárias. Para ele, os "formalistas russos" eram criticados precisamente em razão da perspectiva historicista com que abordavam a arte (por mais paradoxal que isto pareça); de fato, os membros desse movimento, de que Jakobson foi um dos participantes mais destacados, não tomavam em consideração os chamados "valores eternos", em abstrato, preferindo estudar a luta constante de novas formas contra velhas. E merece aqui ser recordada uma das concepções jakobsonianas fundamentais, referida por Victor Erlich: "A história literária está intimamente ligada às outras "séries" históricas. Cada uma dessas "séries" se caracteriza por leis estruturais próprias. Fora do estudo dessas leis, é impossível estabelecer conexões entre a "série" literária e os outros conjuntos de fenômenos culturais. Estudar o sistema dos sistemas, ignorando as leis internas de cada sistema individual, seria cometer um grave erro metodológico" (*Russian Formalism*, 1955). Entre a realidade do mundo e a realidade da arte, afirma ainda Jakobson, é lícito que se estabeleçam correlações, não porém no sentido de uma "harmonia idílica", mas sim no de apreender-lhes as "tensões dialéticas". Algo que deve servir de advertência contra as simplificações mecanicistas do sociologismo ingênuo.

Em sua análise do poema de Brecht, Roman Jakobson menciona uma frase-lema do teatrólogo e poeta alemão: "Ego, poeta Germanus, supra grammaticos sto". Esta citação serve para mensurar melhor o abismo que entre poesia e gramática aparentemente sempre esteve aberto. "When poets go, grammarians arrive", dizia outro poeta. O eminente lingüista russo que recebemos entre nós em 1968, o companheiro de Maiakóvski, Khliébnikov, Nezval, o amigo de pintores, dramaturgos e cineastas um pouco por todo o mundo, o "expert" em poesia de vanguarda que alimenta sempre a mesma flama jovem dos anos de sua formação, reconciliou o que parecia inconciliável. Nele podemos saudar o poeta da lingüística, para quem nenhuma forma de linguagem — e a poesia por excelência — é alheia. No mesmo estudo sobre a poesia de Brecht, podem-se ler estas considerações nas quais Jakobson, em modo polêmico, sintetiza seu credo de lingüista constantemente atento à criação poética: "Entre os estudiosos de literatura dos vários países, línguas, orientações e gerações, há sempre aqueles que vêem na análise estrutural da poesia uma criminosa incursão da lingüística numa zona proibida; de outro lado, existem lingüistas de várias tendências que de antemão excluem a linguagem poética do círculo de temas de interêsse de sua ciência. É problema dos trogloditas permanecerem trogloditas".

NOTAS À MARGEM
DE UMA ANÁLISE DE PESSOA*

São Paulo, 14 de julho de 1968

Caro Amigo:

Inicialmente, posso apenas lhe dizer que estou entusiasmado, cheio de admiração, pela leitura de seu

(*) Em 2-7-1968, Roman Jakobson enviou-me a primeira redação de seu ensaio sobre Fernando Pessoa, com uma carta em que pedia minhas observações críticas. As presentes "Notas" foram-lhe remetidas em atenção a esse pedido. Posteriormente, quando de sua visita a nosso país, e informado da preparação deste volume, Jakobson sugeriu-me que eu as incluísse nesta publicação. Para tal fim, reescrevi o texto em português (havia sido redigido originalmente em francês), mantendo a forma epistolar, porém omitindo alguns tópicos mais circunstanciais e acrescentando algumas notas.

195

trabalho! Li-o três vezes sucessivamente, minuciosamente, no curso destes últimos dias, e me parece que representa a análise mais rigorosa e criadora jamais feita de um poema (e, por extensão, da poética mesma) de Pessoa. É uma homenagem verdadeiramente à altura do gênio do poeta de *Mensagem,* e que está destinada, ademais, a se transformar em inesquecível pedra-detoque para a futura crítica pessoana. Felicito-me (agradecendo ao Acaso, propício aos poetas...) por haver eu tido talvez alguma obscura influência na cadeia de eventos que o levou a tomar um poema de Pessoa como objeto de sua análise, e me congratulo com nossa comum amiga, Luciana Stegagno Picchio, por lhe ter dado uma colaboração tão eficaz. A confrontação de sua análise com o texto do "Ulisses" de Pessoa deu-me um vivo prazer espiritual, que se poderia quem sabe exprimir através da imagem de um cristal comparado com seu cristalograma, a radiância do primeiro se deixando transpassar e dobrar pela finura e sutileza do segundo.

É, pois, com a maior humildade que tentarei responder a seu generoso convite, submetendo-lhe, abaixo, algumas notas de leitura, — simples comentários à margem de sua análise, variações sobre os temas nela abordados, que lhe poderão ser, talvez, de algum interesse subsidiário, — mais propriamente do que considerações críticas sobre o seu trabalho. E o faço não como "expert" em Pessoa, título a que não tenho a pretensão de aspirar, mas tão-somente como um poeta brasileiro e amador de poemas que considera o autor de "Ulisses" o mais alto poeta moderno de sua língua.

1. *A escolha do poema*

Em minha opinião, a escolha do poema "Ulisses" é, desde logo, um fator integrante do magnífico êxito desta sua análise. "Ulisses" se coloca sem dúvida — e esta é uma observação que eu faço *a posteriori,* pois não relia já há muito tempo os poemas de *Mensagem* — na primeira linha dos textos de Pessoa, entre as peças representativas do melhor dessa poesia. O mesmo se dá com o soneto de Dante e o poema de Brecht analisados em anteriores trabalhos seus. Pergunto-me, porém, se a mesma coisa se poderia dizer de um poema como "Les Chats", considerado em relação ao *corpus* geral da obra de Baudelaire (no estudo sobre "Les Chats", é antes a notável análise, do que o poema em si mesmo, aquilo que me desperta o interesse e também, quem sabe, o prazer estético). O que eu me aventuro a afirmar — certamente com a tendenciosa discriminação de um poeta acima de tudo interessado na invenção — é que a qualidade da escolha decide um pouco de antemão, como uma verdadeira condição de possibilidade, do êxito final da análise, de sua plenitude pelo menos. A operação seletiva — a escolha do objeto — seria já uma primeira decisão constitutiva do ato crítico.

2. *Pessoa e Khliébnikov*

Eu não havia pensado antes na aproximação Pessoa/Khliébnikov. Agora que a encontro no exórdio de seu estudo, começo a desvendar toda uma rede de correspondências, de "afinidades eletivas", que se respondem como um nimbo e prolongam, para além da pura camada cronológica, o parentesco estrutural discernido entre os dois poetas:

Pessoa	Khliébnikov
— nacionalismo místico ou mítico (sebastianismo)	— pan-eslavismo mítico ou místico
— interesse pela magia, pelo ocultismo, pela astrologia	— interesse pela linguagem dos conjuros, das fórmulas mágicas, dos feiticeiros e das seitas religiosas (cognominado pelos persas o "dervixe russo")
— a utopia (irônica) da nova grandeza de Portugal, do V Império Espiritual do Desejado (D. Sebastião), do qual ele seria o "Supra-Camões"	— utopia da "República dos Sábios"; nomeação pública de K. para a (irônica) "Presidência do Globo Terrestre"
— sua recusa à integração social e sua auto-anulação numa vida cotidiana medíocre	— sua incapacidade para a vida prática
— o quase anonimato diante do grande público e, em compensação, o prestígio no círculo dos amigos	— idem
— a publicação e a glória póstumas, como o maior inventor na poesia de sua língua	— idem

197

Meu conhecimento da poesia de Khliébnikov é limitado. Todavia, isto não me impede de sentir que um poema como, por exemplo, o que figura à p. 72 da edição de Leningrado (1960) [1], poderia ser assinado por Pessoa. O que me chama a atenção sobretudo nesse poema é a palavra composta *vriemichi-kamichi* (algo como "tempos-juncos"), onde encontro um procedimento caro a Pessoa, a "ontologificação" do tempo, a fusão dialética dos seres e do tempo.

"Um dilatado e múrmuro momento
De *tempos-seres* de quem sou o viver?"
(*Obra Poética*, Aguilar, 2ª ed., p. 159)

3. *A arquitetônica dos heterônimos. A questão da autenticidade*

A gênese lingüística dos heterônimos de Pessoa, estabelecida com prodigiosa imaginação fonológica em seu estudo, a partir do jogo de metáteses e da coincidência de letras, é algo que impressiona tanto como o "achado" RAVEN/NEVER na análise do poema de Poe. Eu gostaria, apenas, de acrescentar que no próprio nome PESSOA, usado como substantivo comum, parece estar resumida essa trama onomástica. Num poema atribuído a Álvaro de Campos ("Psiquetipia ou Psicotipia", *O.P.*, p. 387), o poeta escreve:

"Símbolos. Tudo símbolos...
....

Serás tu um símbolo também?"

E contemplando as mãos sobre a mesa, diz ele para consigo mesmo que são:

"Pessoas independentes de ti..."

[1] Eis o texto do poema de Khliébnikov, na tradução de Augusto de Campos (extraída de *Poesia Russa Moderna*, A. de Campos, H. de Campos, B. Schnaiderman, Civilização Brasileira, R. Janeiro, 1968, p. 69):

Tempos-juncos
  Na margem do lago,
Onde as pedras são tempo,
Onde o tempo é de pedra.
  No lago da margem,
Tempos, juncos,
Na margem do lago
  Santos, juntos.

1908 ou 1909

Numa "Tábua bibliográfica", publicada em 1928, lê-se este depoimento de Pessoa sobre os heterônimos:

"Estas individualidades devem ser consideradas como distintas do autor delas.
Forma cada uma uma espécie de drama; e todas elas juntas formam outro drama.
É um drama em gente, em vez de em atos".

O poeta mexicano Octavio Paz, tradutor de Pessoa para o espanhol, observa:

"Su secreto, por lo demás, está escrito en su nombre:
Pessoa quiere decir persona en portugués y viene de *persona,* máscara de los actores romanos. Máscara, personaje de ficción, ninguno: Pessoa".

Creio que o problema da "autenticidade" e/ou "mistificação" de Pessoa em relação aos heterônimos é semelhante ao problema que se põe quanto à Poe, em relação à gênese de "The Raven" e sua explicação *post-festum,* "The Philosophy of Composition".[2] "Fingir é conhecer-se", eis a divisa de Pessoa. Ele "inventou as biografias para as obras e não as obras para as biografias", comenta o poeta e crítico Adolfo Casais Monteiro. "Él mismo se convierte en una de las obras de su obra", completa Octavio Paz.

(2) Depois da redação destas "Notas", mas suscitada por elas, ocorreu-me a seguinte formulação do problema: os heterônimos de Pessoa são um extraordinário recurso estilístico, por meio do qual ele conseguiu escrever sua poesia ao mesmo tempo em que a meditava de *distâncias metalingüísticas* diversas. Toda a questão da "sinceridade" e/ou "mistificação", sobre a qual tem corrido tanta tinta, se resolve desde que se compreendam os desdobramentos da heteronímia pessoana à luz dessa *função de metalinguagem,* que exclui do debate as conotações difusas e irrelevantes desse par de conceitos. O heterônimo diversifica o código geral da poesia de Pessoa num subcódigo próprio, e assim fazendo, testa e critica as possibilidades de atualização desse código. Antes do que um fenômeno biográfico ou outro, trata-se de um fenômeno de texto ou de *escritura*. Como é de texto (e de código) o problema da *ironia* pessoana: "A essência da ironia consiste em não se poder descobrir o segundo sentido do texto por nenhuma palavra dele, deduzindo-se porém esse segundo sentido do fato de ser impossível dever o texto dizer aquilo que diz" (definição ressaltada por Jorge de Sena, *Da Poesia Portuguesa,* Ática, Lisboa, 1959, p. 185). Esta ironia de Pessoa (discurso implícito de seus heterônimos) é uma figura de linguagem, inscrita naquele "espaço tropológico" (Foucault) onde o *mesmo* se reparte em duplos de sentido.

199

4. Foi por não ser existindo

No original há um jogo entre "ser" e "existir", difícil de transmitir mesmo na tradução literal. A leitura fundamental dessa linha é, na minha opinião: "Foi existindo, por não ser". *Foi existindo*: algo como "foi ganhando existência através do tempo", "assumiu existência". Mas há também a leitura *ser existindo*, que confere ao infinito do verbo *ser* uma ressonância de "duração" semântica, um impulso continuativo. Então: "Foi, por não ser existindo" = *Foi, em razão de não ter tido uma existência real, em razão de não ter sido (existido) no plano da existência material*. Ambas estas interpretações, que de resto não são inconciliáveis mas complementares, se ajustam à análise desenvolvida em seu estudo.

Esta estrofe central é a estrofe-chave do poema. Ela insinua esta percepção todo-poderosa: Pessoa é o poeta do verbo *ser* e de seus desdobramentos e desenvolvimentos, por alternativas de afirmação e negação. Todos os termos verbais desta estrofe são de certa maneira percebidos como avatares ou hipóstases de um mesmo verbo *ser*, explícito ou implícito, de base (já que o verbo *ser*, em seu emprego intransitivo, significa também "existir"). Para colher, em toda a sua eficácia, este transformismo lingüístico-existencial, poder-se-ia quase "traduzir" esta estrofe inteira, reduzindo-a a termos de verbo *ser*:

Este, que aqui foi,
Foi por não ser.
Sem ser foi para nós como se fosse.
Por não ter sido, foi
E nós (graças a este que foi não sendo) somos.

5. Tudo, nada, metade

Estes três termos surgem em relação dialética num outro poema bem característico de Pessoa:

"Tudo que faço ou medito
Fica sempre na metade[3]

---

(3) Décio Pignatari, em conversa com Roman Jakobson, fez uma interessante observação. Referindo o caráter "espacializante", visual, do *enjambment* que destaca sintaticamente a palavra *metade* no penúltimo verso de "Ulisses", Pignatari "decifrou" nela, por homonímia assim ressaltada, o sintagma *meta de*. Ou seja: *vida* (aqui *embaixo*, terrestre, cotidiana) = *meta de nada* = *morte*.

Querendo, quero o infinito.
Fazendo, nada é verdade."
(*O.P.*, p. 172)

6. *O jogo de contrários: a vida e a morte. O oxímoro*

Pessoa (*O.P.*, p. 150):

"E comecei a morrer muito antes de ter vivido".

De acordo com a análise dos oxímoros de "Ulisses", contida em seu estudo, pode-se traçar o seguinte quadro de oposições/relações binárias:

mito solar (puro) (Deus)	sol (céu)	vida
lenda terrestre (impura) (Ulisses)	terra	morte

Sempre em atinência a esse quadro, o poder dialético e unificador do oxímoro pessoano ressalta ainda deste verso, de um outro poema (*O.P.*, p. 161):

"A terra é feita de céu".

7. *Proximidade temporal e espacial entre o herói e o poeta*

Pessoa é mestre da "sincronia", da interpenetração simultânea do tempo e do espaço. Um de seus versos mais célebres é, precisamente:

"Eu era feliz? Não sei:
Fui-o outrora agora."[4]

(*O.P.*, p. 141)

8. *Lenda*

Na esteira de sua análise, e complementando-a, creio que se poderia também decodificar a palavra *lenda* no sentido etimológico: do latim *legenda,* o que deve ser lido, o que se lê (*legere*). A *lenda* da 3ª es-

---

(4) A imbricação reversível de passado (outr*ora*) e presente (ag*ora*) nasce aqui do sábio efeito paronomástico (homoioteleuton) que solda e solidariza os dois advérbios de tempo, fazendo-os soar como um todo, uma palavra-montagem: *outroragora*.

trofe, tal como interpretada em seu estudo, não é outra coisa senão uma tradução "degradada" do mito solar da 1ª. Esta "degeneração" se explica ademais, parece-me, pelo fato de que a *lenda* é o *mito lido*. Ela é, por definição e origem, qualquer coisa de literário, que se deve ler. Ora, da análise feita em seu trabalho, ressalta a certa altura a aversão do poeta pelas *coisas literárias* "que não contêm uma fundamental idéia metafísica".[5] Num poema famoso — "O poeta é um fingidor" ("Autopsicografia", *O.P.*, pp. 164-165), Pessoa designa a dor "fingida" ou "ficta", apresentada num texto poético, com a expressão "dor lida". Outros versos poderiam ser mencionados, sempre dentro do contexto de meu argumento:

"A alma é literatura
E tudo acaba em nada e verso."
(*O.P.*, p. 562; notar o jogo *tudo/nada*)

"O sol doira
Sem literatura."
(*O.P.*, p. 188)

"Livros são papéis pintados com tinta."
(*O.P.*, p. 189)

"Ah, já está tudo lido[6]
Mesmo o que falta ler!"
(*O.P.*, p. 500)

"Ergo a cabeça estonteada
Do lido e do vão"
(*O.P.*, pp. 582-583)

"Lenda do sonho que vivo,
Perdido por a salvar...
Mas quem me arrancou o livro
Que eu quis ter sem acabar?"
(*O.P.*, p. 567)

(5) Cp. Fernando Pessoa, *Páginas de Doutrina Estética*, p. 27. O poeta se refere à "literatura insincera", um qualificativo voluntariamente ambíguo no léxico de quem sustenta que "fingir é conhecer-se". Mas, num nível mais fundo, esta posição implica uma extensão irônica: — a derrisão auto-reflexiva da literatura como tal. Aqui se poderiam trazer a cotejo, com proveito, estas observações de Roland Barthes ("Drame, Poème, Roman", *Critique*, julho, 1965): "...esta linguagem adversa é a Literatura, não apenas institucional, social, mas também interior, esta cadência toda feita que determina no fim das contas as "histórias" que nos sucedem, uma vez que sentir, se não tomamos cuidado incessantemente, é nomear. Esta linguagem é mentira, pois apenas toca a visão vera e esta se desvanece; mas se renunciamos a ela, então uma língua verdadeira começa a falar".

(6) Cp. Mallarmé, "Brise marine" ("La chair est triste, hélas! et j'ai lu tous les livres").

9. Poeta da estruturação

Em seu estudo, Pessoa é enquadrado entre os "poetas da estruturação" (segundo um critério do próprio Pessoa, exposto em carta a Francisco Costa). Esta inclusão me parece perfeita. Na verdade, Pessoa pertence à linhagem dos *poetas-engenheiros* ou *poetas--geômetras*, que vem de Poe (que ele traduziu) e de Mallarmé (que ele certamente leu bem e que influenciou, aparentemente, os sonetos herméticos da primeira fase da poesia pessoana, "Passos da Cruz", 1914-1915, *O.P.*, pp. 123-129).[7] Eis algumas passagens pertinentes de Pessoa:

"Traço sozinho, no meu cubículo de engenheiro,
[o plano,
Firmo o projeto, aqui isolado,
Remoto até de quem sou."

(Álvaro de Campos, *O.P.*, p. 389)

"Toda a emoção verdadeira é mentira na inteligência..."

(Álvaro de Campos, *Páginas de Doutrina...*, p. 168)

"O que em mim sente está pensando."
(*O.P.*, p. 144)

"Nada de estéticas com coração: sou lúcido."
(Álvaro de Campos, *O.P.*, p. 415)

Podem-se confrontar as linhas acima com esta manifestação de Mallarmé sobre o que se poderia chamar o "esprit de géométrie" mallarméano:

"...ser-me-ia difícil conceber qualquer coisa ou segui-la sem cobrir o papel de geometria na qual se reflete o mecanismo evidente de meu pensamento."
(Carta a V.-E. Michelet)

---

(7) Ver, *Páginas de Doutrina Estética*, p. 173: "Em Luís de Montalvor (...) a sensibilidade se confunde com a inteligência — como em Mallarmé, porém diferentemente — para formar uma terceira faculdade da alma, infiel às definições. Tanto podemos dizer que ele pensa o que sente, como que sente o que pensa. Realiza, como nenhum outro poeta vivo, nosso ou estranho, a harmonia entre o que a razão nega e o que a sensibilidade desconhece". Para Jorge de Sena, esta é a "mais bela definição" da poesia do próprio Pessoa.

Parece-me claro que se devam opor os "poetas da estruturação" aos "poetas da emoção" ou "da expressão", e também que se possa dizer dos primeiros que são mais "limitados" (no fato de que devem necessariamente limitar seus meios, seus materiais, para melhor poder assumir-lhes o controle) e dos segundos que parecem mais "variados" (pela ausência desse controle racional, desse "demônio da lucidez", — é, por exemplo, o caso dos surrealistas). Para falar em termos do seu "Linguistics and Poetics", eu diria que os "poetas da estruturação" parecem privilegiar na mensagem, ao lado da "função poética" da linguagem, também a "função metalingüística", pois estão sempre obsediados, no ato mesmo da composição, por esta pergunta: o que é o poema? Os "poetas da expressão", dentro da tradição romântica, privilegiam ao lado da "função poética" a "função emotiva", "o coração", "das Gemüt". Compreendo que se possa dizer dos primeiros que eles "são mais complexos", mas, em contraparte, não estou seguro de que se possa negar "profundidade" a esses poetas da "estrutura" e da "complexidade". Será que "os assuntos da imaginação pura e complexa ou intelecto", dos quais fala Mallarmé no prefácio de *Un Coup de Dés*, não são também, quase necessariamente, assuntos "profundos", onde a própria essência da poesia é reposta em questão? Gostaria de ver mais desenvolvido, no seu ensaio, o exame destes conceitos em correlação opositiva que remontam à estética pessoana.[8]

Haroldo de Campos

---

(8) Ver "Carta de Fernando Pessoa a Francisco Costa", fragmento reproduzido em francês por Armand Guibert (*Fernando Pessoa*, P. Seghers, 1960, pp. 212-213). Segundo Pessoa, Homero, Dante e Milton seriam "poetas da estruturação"; Shakespeare e Browning, "poetas da expressão". O conceito de "profundidade" é, como outros do sistema semântico pessoano, permeado de ambigüidade. Se aqui ele é particularizante, para efeito de uma oposição distintiva entre dois tipos de poesia e de poética, em outro texto de Pessoa ("Luís de Montalvor", *Páginas de Doutrina*..., p. 174), aparece em acepção generalizante, para caracterizar a própria poesia como tal: "E como, visto que tudo é essencialmente subjetivo, um conceito do universo é ele mesmo o próprio universo, cada homem é essencialmente criador. Resta que saiba que o é, e que saiba mostrar que o sabe: é a essa expressão, quando profunda, que chamamos poesia."

NOTA BIBLIOGRÁFICA

1. *A lingüística em suas relações com outras ciências.* Título original: "Linguistics in its relation to other sciences". Texto apresentado ao X Congresso Internacional de Lingüística, Bucareste, 1967 (em vias de publicação nas *Atas* do Congresso).

2. *Poesia da gramática e gramática da poesia.* Publicação original: "Poésia gramátiki i gramátika poésii", *Poetics Poetyka Poètika* (Varsóvia 1961), pp. 397-417. A tradução foi feita a partir da versão inglesa revista, "Poetry of grammar and grammar of poetry", *Lingua*, XXI (1968), pp. 225-232.

3. *Configuração verbal subliminar em poesia.* Título original: "Subliminal verbal patterning in poetry". A sair em *Studies in general and oriental linguistics*, Tóquio (publicação comemorativa do sexagésimo aniversário do Prof. Shiro Hattori).

4. *Os oxímoros dialéticos de Fernando Pessoa.* Publicação original: "Les oxymores dialectiques de Fernando Pessoa", *Langages*, XII (Paris 1968), pp. 9-27. A tradução foi feita a partir do texto revisto dessa publicação.

5. *Carta a Haroldo de Campos sobre a textura poética de Martin Codax.* Título original: "Letter to Haroldo de Campos on Martin Codax's poetic texture". Texto escrito entre 1968-1969, inédito.

. 6. *A construção gramatical do poema "Wir sind sie" ("Nós somos ele") de B. Brecht.* Publicação original: "Der grammatische Bau des Gedichts von B. Brecht 'Wir sind sie'", *Beitraege zur Sprachwissenschaft, Volkskunde un Literaturforschung, W. Steinitz dargebracht* (Berlim 1965), pp. 175-189.

7. *Decadência do cinema?* Publicação original: "Úpadek filmu?" *Listy pro umění a kritiku*, I (Praga 1933), pp. 45-49. A tradução foi feita a partir da versão italiana, por Caterina Graziadei, "Decadenza del cinema?", *Cinema & Film*, a. I, n. 2 (1967), pp. 163-168.

LINGUÍSTICA NA PERSPECTIVA

Babel e Antibabel
  Paulo Rónai (D020)

Lingüística. Poética. Cinema
  Roman Jakobson (D022)

Sintaxe e Semântica na Gramática Tranformacional
  A. Bonomi e G. Usberti (D129)

Ensaios Lingüísticos
  Louis Hjelmslev (D159)

A Lingüística Estrutural
  Giulio C. Lepschy (E005)

Introdução à Gramática Gerativa
  Nicolas Ruwet (E031)

Prolegômenos a uma Teoria da Linguagem
  Louis Hjelmslev (E043)

A Linguagem
  E. Sapir (E072)

Círculo Lingüístico de Praga
  J. Guinsburg (EL017)

Em Busca das Linguagens Perdidas
  Anita Salmoni (EL022)

A Propósito da Literariedade
  Inês Oseki-Dépré (EL037)

A Significação no Cinema
  Christian Metz (D054)

Dicionário Enciclopédico das Ciências da Linguagem
  Oswald Ducrot e Tzvetan Todorov (LSC)

CINEMA NA PERSPECTIVA

A Significação no Cinema
  Christian Metz (D054)

A Bela Época do Cinema Brasileiro
  Vicente de Paula Araújo (D116)

Linguagem e Cinema
  Christian Metz (D123)

Sétima Arte: Um Culto Moderno
  Ismail Xavier (D142)

Práxis do Cinema
  Noel Burch (D149)

Salões, Circos e Cinemas de São Paulo
  Vicente de Paula Araújo (D163)

Um Jato na Contramão
  Eduardo Peñuela Cañizal (org.) (D262)

Na Cinelândia Paulistana
  Anatol Rosenfeld (D282)

Cinema, Arte & Indústria
  Anatol Rosenfeld (D288)

Alex Viany: Crítico e Historiador
  Arthur Autran (D290)

Som-Imagem no Cinema
  Luiz Adelmo Fernandes Manzano (D293)

A Cidade Imaginária
  Luiz Nazario (org.) (D302)

Humberto Mauro, Cataguases, Cinearte
  Paulo Emílio Salles Gomes (E022)

A Imagem Autônoma
  Evaldo Coutinho (E147)

O Terceiro Olho
  Francisco Elinaldo Teixeira (E199)

Viaje a La Luna
  Reto Melchior (E243)

Manoel de Oliveira: Uma Presença
  Renata Soares Junqueira (org.) (E282)

O Cinema Errante
  Luiz Nazario (E399)

Todos os Corpos de Pasolini
  Luiz Nazario (PERS)

Este livro foi impresso na cidade de Cotia,
nas oficinas da Meta Brasil,
para a Editora Perspectiva.